正向养育

黑幼龙的慢养哲学

黑幼龙 著

中国青年出版社
CHINA YOUTH PRESS

图书在版编目（CIP）数据

正向养育：黑幼龙的慢养哲学 / 黑幼龙著.
—北京：中国青年出版社，2022.6
ISBN 978-7-5153-6567-1
Ⅰ.①正… Ⅱ.①黑… Ⅲ.①家庭教育 Ⅳ.①G78
中国版本图书馆 CIP 数据核字（2022）第023681号

正向养育：黑幼龙的慢养哲学

作　　者：黑幼龙
策划编辑：翟平华
责任编辑：刘宇霜
美术编辑：杜雨萃
出　　版：中国青年出版社
发　　行：北京中青文文化传媒有限公司
电　　话：010-65511270 / 65516873
公司网址：www.cyb.com.cn
购书网址：zqwts.tmall.com
印　　刷：大厂回族自治县益利印刷有限公司
版　　次：2022年6月第1版
印　　次：2022年6月第1次印刷
开　　本：880 × 1230　　1 / 32
字　　数：110千字
印　　张：5.75
京权图字：01-2021-2971
书　　号：ISBN 978-7-5153-6567-1
定　　价：39.90元

目录

自序

想轻声细语地和你谈心

从30多年前，那会儿，我的孩子们还都是学生，我就陆陆续续给他们写信，跟他们谈心。信件当中多半是我的感想、我对他们的期望，当然更多的是，我以他们为荣的点点滴滴。

另外，还有一些信是写给至亲好友的，包括我妻子。

这些心得文章陆续在报纸杂志上发表，几十年下来，已经可以累积成册了，而且还新创了“慢养”这个名词，因为有些内容是我想与当下的父母们分享的。

我要由衷感谢时报出版社的大力支持。要是这本书能对亲子关系及家庭的成长帮上一些忙，我不仅会心旷神怡，而且还会联想成这是我对生命工程的一点贡献。

其实我从小学开始，到中学，到进入空军，我最喜欢的事情就是写作文。还记得我当年毕业后会陆续给报社投稿。那个年代，还要在信封里附上一个新的贴好邮票的信封，以备退稿。不知道五六十年前报社的编辑把这些稿件装进信封，退回给作者时的心情如何。坦白说，我收到退回的稿件后，真的没那么难过。当然，有些文章偶尔被报社刊登出来，我真是欣喜不已。

再后来陆续被登载的次数变得愈来愈多，我还在刊物上写过两个专栏，内容都是用写信的笔调，与孩子、好友谈心。想不到这一方式渐渐地形成了我写作的风格——以感性的语调，与他们诚挚地沟通。唱《外婆的澎湖湾》的潘安邦看到我那些文章，还邀请我上他的电视节目。他一定是个很感性的人。

有一次，我在航空公司报到，那位柜台服务员显然看过我的那些文章，她跟我说："当你的孩子好幸福。"有时候遇到空姐，她们会大方地问："你的孩子都结婚了喔！好，我们没希望了！"

在光启社的活动中，常常遇到我们这一代人熟知的崔苔菁，她也曾跟我说，你的文章写得太感人了。我猜她大概是看过我那封写给女儿的信，信中我谈到牵着女儿的手，从教堂中间走上台的心情。那是我送给女儿的结婚礼物。

提到以上这些对自己的肯定，我只有一个目的，那就是：我想写"轻声细语""想和你谈心"的感性文章。不只是为心灵互动，有时也会疗愈我自己的匮缺，在写的时候，也好像是跟自己说话。我们每个人不都是应该隔一段时间就静一下、想一想，怎么样才能更快乐，怎么样才能帮助别人更快乐吗？

我会再次阅读自己写的这些心得、感想。希望你也能因此得到快乐！

前言

20年后，享受“慢养”的丰收

我自己这一辈家里有6个孩子，其中只有我的四弟和最小的弟弟、妹妹念完了大学，我和其他3个兄弟都是军人，都没好好念书。而我自己的4个孩子学业都很好，可以说是青出于蓝。黑家一代代传承下来，算是比之前慢慢有了进步。

我的4个孩子现在也都当了爸爸妈妈，他们对自己孩子的关心，比我们当年有过之而无不及。当年我小的时候如果感冒生病，父母根本不会管我，但我的4个孩子生病的时候，因为当时经济状况不好，我和妻子百龄还卖掉小孩满月时亲朋送的金锁片，带他们去看医生。现在，我的几个孙辈们被照顾得无微不至，像黑立琍的女儿在很小的时候，她的衣服却已经多到整个衣柜都挤不下，家里全是她的衣服。不但给孩子买衣服大方，孩子要学游泳、学体操，他们也都全力支持，我真觉得我的孩子们当爸妈当得比我还要好。

但我也有担心的时候，我看他们这么照顾自己的小孩，包括身体和心理上的充分关心，孙子孙女们会不会因此不够坚强？他们有没有让孩子们也受点挫折呢？以前我送老幺黑立行去旧金山读斯坦福大学，那时他才18岁，就拥有了自己的一辆新车，住的是四人一间的宿舍，在漂亮的校园里有罗丹的雕像。跟他一起漫步在校园中时，我深有感触。相对于我自己18岁的时候，那时正准备离家念军校，却感觉自己好像变成被社会抛弃的孤儿……这真的是悬殊的差别。也难怪有时我会怀疑他们是否有面对困难的毅力。**他们有办法忍受没有抽水马桶的厕所吗？我在路边吃一碗面会怡然自得很开心，但他们能享受其中的乐趣吗？**

※

很多父母会跟孩子说："我当年怎么样……怎么样，你现在怎么这样……"但我只能说人生真的很奇妙，不同年代的人，他们的人生是完全不同的。虽然我们自己会有所感慨，但其实想想也就过去了，不一定要跟孩子讲，或把压力加到孩子身上。

在教养孩子的过程中，"和妻子谈话"是我最重要的思考及抒解情绪压力的出口。我的孩子们都去过欧洲，我虽然曾经去过两次，但都是因公出差，没时间真正深入体验欧洲风情。有一回儿子从欧洲打电话回来，说他们正坐在英国的公园里啃面包，让我好生羡慕。小儿子黑立行之前自己创业，有一次他到佛罗里达州参展，过程很辛苦，展会结束后他们安排顺道到迈阿密度假。我一听到就跟妻子说："哎呀，我都还没去过迈阿密，孩子怎么可以去！"虽然是开玩笑的，但妻子百龄会告诉我，**不应该说这些话让孩子觉得内疚和有罪恶感。**

我和百龄经常把孩子们的事情拿来当聊天的题材，孩子说过的话、做过的事，有哪些令我们感动，哪些令我们好气又好笑等等。女儿黑立琍在学校很活跃，参与很多社团活动，有一天大哥黑立言就跟妹妹说：“你这样参加很多活动，非常活跃，以后可以申请哈佛喔！”没想到黑立琍马上说：“我才不要念哈佛呢，我要好好享受人生！”因为我经常不在家，通过与妻子的分享，可以多了解孩子的想法及成长过程。夫妻间不要谈太多房子、股票、车子，而是应该把时间花在讨论孩子上，这也是增进夫妻及孩子们之间情感的一种方式。

其实教养小孩没有统一的标准，没有绝对的谁对谁错，但我想大部分的父母都希望自己的孩子是个负责任的人。就像孩子们选择自己的另一半，这是他们在自由意志下做的决定。现在我的4个孩子的婚姻都很幸福，我相信他们夫妻之间偶尔也会吵架、闹不开心，但这都是自己的选择，所以也不会有怨言。不只是婚姻，工作、读书都必须自己为自己负责，如果希望孩子能够为自己做的决定负责，那么我们在教养小孩的过程中就必须给他们自由选择、勇于承担的机会。如果将我和妻子结婚50多年来教养孩子的原则做一个总结，那就是——**我们真的给孩子很多自己做决定的机会和空间。**

❊

当然，在让孩子们自己做决定、自己负责的过程中，我们也会担心孩子们会不会吃亏，是不是交了坏朋友，或是会不会受到诱惑。黑立国曾经交过不少坏朋友，黑立琍也一样，但这要回到原来的论点：你是要让他尝试一下，受了罪，吃了亏，让他们自己去思考，这辈子要不要跟这样的朋友在一起，还是要把孩子保护住不让他们碰到这些诱惑？我认为就算孩子成长的时候你死命保护他，但他以后还是会遇到这些问题。等到开始工作，他可能会因为缺乏自我思考和为自身决定负责的历练，而碰到更大的挫折。

所以，经过前20年培养孩子们自主决定、自我负责的过程后，后来这20年，他们每一个人在工作及家庭上，都有不错的生活表现，我倒感觉很像是前20年的“慢养”教养方式，如今终于有了丰硕成果。

辑一

黑家的正向养育，给孩子更好的未来

"慢养"是什么?

最近在接受一次采访时，主持人对养育子女好像颇有心得。她问，"放养""严养""慢养"子女，最大的不同在哪里?

我觉得"放养"有点像是放任不管，放牛吃草。

"严养"像是虎妈，或比喻成养鸡、养牛一样，把孩子照顾得严严密密的，但关在笼子里，隔在牛栏中，几乎没有空间可言。

"慢养"像是种花。父母像园丁，负责浇水、施肥。有时候旁边架一支架，以备刮风时提供些支持的力量。

有些花开得早，有些含苞待放的时间会长些。细心的园丁不会揠苗助长，或强迫它们在特定时候开花。园丁的美丽花圃可能包含有康乃馨、玫瑰花、郁金香、百合花，每一种花都有不同的颜色。

"慢养型"的父母比这样的园丁还更有深度，还更能欣赏孩子的特色与不同，更能包容，也更有耐心、关心、爱心。

我做了50多年的父亲，有4个孩子。我做了20多年的祖父，有11个孙子女。最深的感触就是，**这些孩子是那么的不同。**同样的父母，同样的环境、邻居、亲戚，同样的中小学，同样的成长背景，我的4个孩子都不一样，连他们自己都觉得不一样。

举例来说：我的老大黑立言从小就喜爱阅读历史、政治，也很有创意。老二黑立国却对这些一点兴趣都没有，而且还常奇怪只比他大一岁的哥哥怎么那么喜爱历史，那么喜爱作文，他自己热爱的却是运动和修理家具。

4个孩子中，老二从小的功课就最差，常惹祸，不学好，他自己也说过他好像一群白羊中的一只黑羊。但所幸我们没有差别对待，连内心对他们4人的心态，或关心的态度也是一样的。结果老二后来做了医师，成了医学院的副教授。

这朵花开得较慢，但这朵花的颜色很独特。我们是做到了慢养的园丁，我们是相信孩子要慢养的父母。

其实，说句老实话，不慢养也不行。我的女儿黑立琍，在家中排行老三，连她的叔叔（我的弟弟）都为我担心，因为她从10岁起，看起来就很不安分。对于热门歌曲，她几乎听过一次就会唱，跳迪斯科舞的时候，一点也不在乎别人怎么看，特别是父母对她有什么看法。后来，过了这段青春期后，她结婚至今已25年了，做了3个孩子的全职母亲，她的孩子最大的都已经上大二了。当年要是没有慢养，一切家法处理，真不知现在她是什么样子！

老四黑立行是家里最小的孩子，也是最有研究精神的孩子。学习成绩很好的他在美国读高三时，因参演一出歌舞剧，上了瘾，梦想当明星。大学考入斯坦福机械工程专业，但毕业后却积极投身演艺事业，我没有阻止他的任何决定，而是帮助他圆梦。最终他放弃明星梦，回斯坦福大学机械研究所继续学习。孩子的未来，归根结底由孩子决定。

孩子是造物主赐给我们最珍贵的礼物，慢养是亲子关系的康庄大道，让我们一起步步为营地走吧！

别急着为孩子的一生下定论

许多父母会觉得奇怪，同一个父母生的，孩子的个性为什么完全不同？也有很多父母会将自己的经验或期待加到孩子身上，但这其中的差异是我们必须要小心处理的。父母生长的年代甚至兄弟姐妹出生的环境，在食衣住行上的条件都不同，不能以同一个标准来要求或看待，这样对小孩很不公平。我在赤贫的家庭环境中长大，所以我会很节省，甚至不肯花钱，但我的小孩不一样，他们也会想要名牌，想要穿名牌的鞋子、衣服，这些都是我觉得不需要、不应该花的钱，但单单以这一点来要求小孩，就会造成父子间的摩擦和不愉快。

其实我们不应该用现在的状况来判断孩子将来的好坏，现在小孩功课可能很好，但不一定保证未来就会功成名就；而现在也许孩子功课很烂、不及格或甚至可能交了一些坏朋友，但将来他可能会成为一个杰出的人。**不要现在就替自己孩子的一生下定论！孩子的教养应该慢慢来，给他们多一些空间，让他们慢慢绘制自己的人生蓝图。**

当年我们住在美国，有一天周围3户邻居一起来抗议，对我说："你们的孩子真的太差劲了，说脏话，让我们的孩子们听到非常不好，还把狗屎丢到我们院子里，跟你们当邻居真是羞耻。我们知道这样的孩子很难管教，但你们还是该尽力！"那时我真的很生气。后来20年过去了，我的4个孩子都念了好学校，毕业后也都有不错的工作，拥有自己的人生。我有时候会反复思考，当年说我的孩子们是流氓、是坏孩子的邻居，他们自己的小孩现在不晓得怎么样？人生真是变幻莫测，而孩子们的教养空间又何其大！

回想起来，公平客观地说，那时候，我们的小孩真的不是普通人眼中的好小孩，他们常常争吵，家里天花板都快被掀翻了，功课也不好。老二黑立国在外面跟同学打架。女儿处于叛逆期，十几岁就忙着化妆、谈恋爱。严格说起来，那段低潮期是我们家最黑暗的时期。我甚至会沮丧地想，我和妻子已经这么辛苦打拼了，怎么我们的家庭和生活竟然会这样一塌糊涂！

那时我们的经济状况不是很好。老大黑立言十六七岁的时候在炸鸡店打工，因为他没有车，所以晚上11点我们要到他打工的地方去接他。有一回他奶奶跟我一起去，坐在车上看着黑立言还在那儿拖地，奶奶就心疼地说："哎呀，回家叫他不要做了，别打工了！"我当然心疼孩子，也理解奶奶对孙子的关心，但我告诉自己要忍住，让黑立言自食其力，打工的钱他可以留起来自由支配。

老二黑立国也曾经在迪士尼乐园卖冰激凌，他说要自己赚念书的钱，当然同样由我们接送。他得在大太阳底下晒很久，天气真的很闷热，但我也一样忍住不舍的情绪没有跟他说："算了吧，别做了，我们又不缺那个钱！"

> 我有时候会反复思考，当年说我的孩子们是流氓、是坏孩子的邻居，他们自己的小孩现在不晓得怎么样？人生真是变幻莫测，而孩子们的教养空间又何其大！

很多父母会和我一样，我们常担心小孩吃太多苦、太累，但有时候真的要克服那种心理障碍。老三黑立琍和老四黑立行，后来因为家里经济条件改善，就没有打过工，只有女儿黑立琍曾经到银行体验打工。

黑立言曾经有一次在卡内基情绪分享的课程中说，他跟我们一起去做贩卖机的补货和收款，看到妈妈把东西拆下来，在一旁奋力地清洗，他觉得很伤感，想到自己在美国念书，花家里很多钱，还让妈妈这么辛苦做清洁的工作……黑立言会有这样的情绪，也是因为长大的过程不同，才会有这样的感受。

所以如果要问我，这些打工经验对孩子后来有没有产生影响，答案是肯定的。黑立言和黑立国在后来人生中的一些决定，例如工作、生活，都比弟弟妹妹要来得谨慎小心。

每个孩子都有千变万化的未来，不着急给孩子下定论。随着孩子的年龄增长，父母要给他更大的空间和自由。既要培养他自信，又要锻炼他遇见挫折时的应对能力。父母教养孩子，不是赢在现在，而是要赢在将来。

送给年轻父母三句话：

当孩子小的时候，父母要成为孩子的玩伴；

当孩子上中学时期，父母要成为孩子的朋友；

当孩子成人时期，父母要成为孩子的顾问。

慢养，找回相信孩子的力量

以开放的方式和孩子们相处，不代表我对孩子的教养什么都不做，完全放任。

举例来说，1984年的奥运会在洛杉矶举行，那会儿我们全家住在美国。孩子们得到消息说，奥运会的闭幕式在征招高中生表演霹雳舞，他们就和邻居的一个男孩一起去报名了。

那时候他们都没有驾照，所以我们得花40分钟到1个小时在高速公路上开车，送他们到洛杉矶的一个运动场练舞，而练习常常到晚上12点才结束，这样的练习持续了三四个月，我们就这样天天接送。奥运会闭幕的时候，电视转播还真的有他们表演霹雳舞的画面，虽然只出现短短几秒钟，但全家都很兴奋！现在回想，我那时还真不知哪来的劲儿，可以这样全然支持他们练霹雳舞，来回接送他们却不以为苦。

小儿子黑立行念六年级的时候，突然告诉我们，他迷上了潜水，那时他还不到潜水规定的年龄。不过他自己跟教练不断地沟通，坚持说自己想学，教练在测试他的反应后才答应他的请求，我们也决定支持他。潜水课程必须要有潜水衣、背氧气筒、戴头盔的全身装备，凌晨四五点，天还没亮就要开船出海练习。我们每天早上摸黑起床，睡眠不足地开车送他到教练海边的办公室。教练会先教他们在海底时用来求救、沟通等各种手势，然后才让他们正式下水。黑立行后来告诉我，其实当他在岸边准备要潜水时，心里还是有些害怕，但对我们能够支持他参加潜水，他真的非常开心。

我们对孩子们的爱，不会因为他们功课不好、行为稍有偏差而改变。每一个孩子的梦想和兴趣，如果我们可以支持，就会尽量协助完成。黑立琍从小文笔就好，因为表现出色，老师邀请她参加新闻夏令营。第一年，家里经济状况不好，不能让她参加。第二年妻子认为孩子有这个天分，老师也惜才，虽然家里没钱，但妻子决定先刷信用卡，让黑立琍参加夏令营，充分发挥她的潜能。

孩子们只要学校有活动，或是学业成绩而得奖受表扬，我们都会尽量到场，一起分享他们在台上表演、得奖的喜悦。黑立言六年级的时候，我常会开车带孩子们固定到四五个孤儿院，孤儿院里面有很多患唐氏综合征及肌肉萎缩症的小朋友，孩子们可以决定自己要捐多少零用钱。说实话，这些有身心障碍的小朋友，连我看了有时都觉得心疼，但我希望孩子们可以通过和孤儿院小朋友的互动，付出自己的爱心，同时理解世界上还有许多不同生存环境的人，应该让自己更有同理心和包容心，也更知道感恩和惜福。

在小孩长大的过程中，爸爸妈妈除了要求孩子读书，也要和孩子们一起玩耍，支持孩子的作为，以及让孩子们学习分享、感恩及惜福。这些其实从孩子们青少年时期就可以开始。**孩子们会听父母的话，但他们更想看父母怎么做，如果能一起参与孩子的活动，孩子的接受度会更高。我们都希望能够教养孩子，却忽略了父母以身作则其实非常重要。**

✻

有了各式各样的活动经验，加上我们的支持和参与，4个孩子的包容力都颇为出色。有一次，女儿黑立琍告诉我，她很开心自己的3个孩子能在新加坡成长，因为新加坡各式各样的人都有：有包着头巾的印度人，有黑人，有白人，也有许多华人。对他们来说，各色人种早已见怪不怪。我这才发现，包容对孩子的成长非常重要。对不同的人能够充分尊重，对孩子们后来的快乐人生会有关键性的影响，甚至对整个社会都有影响。

我认为每个人都可以有自己对生活的理念，可是跟理念不同的人在一起时，怎么应对、用什么态度都非常重要。与人相处是门学问，如果每个孩子从小都能有包容心，都能尊重别人，或许这样的冲突就会少一些。

我们对孩子们的爱，不会因为他们功课不好、行为稍有偏差而改变。每一个孩子的梦想和兴趣，如果我们可以支持，就会尽量协助完成。

我和妻子结婚以来，搬了二十几次家，每次搬家就会有不同的邻居、学校、玩伴。搬家理由很多，可能是职务调动、买了房子等等，当然我们不是为了让孩子有不同环境一直搬家，但成长环境对孩子的影响却是父母应该注意的。让他们多看不同的环境，开开眼界，对孩子的包容力有正面帮助。我觉得自己比较有创意、点子多，可能跟小时候成天在田野探索、奔跑玩耍有关。

4个孩子在不同时代长大，连他们自己都能感觉到彼此有些不同。老大黑立言对政治很感兴趣，他在美国念书的时候，我从家乡带一本本土杂志过去，黑立言就拿着杂志拼命看，老二黑立国则一点都不想翻。黑立言一直保留对政治的兴趣，他很喜欢看新闻，在美国的时候我们订《世界日报》，对于很多事情，他都有自己的看法，关心时事已经变成他的重要兴趣。隔了很多年他们都长大了，虽然两兄弟个性差很多，但丝毫不影响彼此的感情，我想这就是包容力最好的例子。

⁂

我对4个孩子处理感情及选择婚姻对象的态度也是一样。一个朋友谈到他儿子的女朋友，我问他："你儿子和女朋友准备结婚了吗？"朋友说："我如果不赞成的话，他绝对不敢结婚啦！"他那句话提醒了我，我仔细回想，其实我对4个孩子的感情和婚姻从来没有表达过反对的意见，但必须诚实地说，我当然有自己的期待和想法，不过一定要忍住！这点可能和我爸妈对待我们的方式也有关，因为他们从来不管束。

举例来说，黑立国的妻子是黑人和日本人的混血儿，年龄比黑立国大四岁，有过一次婚姻的经历，是个很有个性的女人。刚开始我们和她的互动不是很好，而且人总是会有私心，觉得黑立国是个医师，条件也很不错，应该可以有更好的选择。我也表达过不同意见，但还是做到了尽量不去干涉。后来他们决定要结婚，我们只能祝福。现在他们结婚20多年了，婚姻非常幸福。毕竟孩子是跟自己的另一半过一生，不是跟父母过一辈子。我的其他的孩子也一样，黑立琍从小就喜欢交男生朋友，男朋友换了一个又一个，黑立言以前的女朋友有时候也和我们理想中的不同，但我们都没有多说什么。

说实话，孩子们交往的对象和我们的想象都有差距，但结果都很理想。我想这除了幸运外，也提醒了父母，应该相信孩子自己的选择！其实，孩子的10岁、20岁甚至成家立业后，会有很大的不同，也许父母可以放轻松一点，不必急于一定要马上有成果，因为有的孩子成熟得快，有的较慢，孩子是慢慢养大的。

⁕

之前，曾兴起一阵“慢活”风潮，其实教养孩子也要“慢养”：和孩子抱一抱、和孩子谈一谈、相信孩子、等待孩子，父母要转向孩子，孩子要转向父母，这样的家庭是互相关心的，家庭才能为孩子的成长加分。

在这个过程中，不求一时的速度与效率，不以当下的表现评断孩子，尊重每个孩子的差异。**慢养，可以让父母找到相信孩子的力量，孩子可以发现最好的自己。**

宁愿在孩子的起跑点帮他找到自己成长的力量，不要追求一时的方法而输在起跑点；我们要和孩子一起赢在人生的终点，享受父母为孩子带来的祝福。

和孩子一起做他最喜欢的事

很多人说我的脾气好，跟小孩互动时会像平辈一样，其实我对他们也会发脾气，只是后来改进不少，这是我自己比较庆幸的一点。

当我的孩子在青少年时期，家里也是一塌糊涂。孩子天天早上不起床，我们怎么催、怎么叫就是没用，更离谱的是他们连站着穿衣服也会睡着。平常家里迪斯科音乐震天响，吵得我们夫妻俩感觉快要耳聋；老大的功课平平，老二则总是班上倒数几名，老三从小爱漂亮，带回来的男朋友我们一个都不喜欢，总觉得这些男生看了都讨厌，想把他们赶出去。

那时候家里常充斥着我和百龄大呼小叫的声音："还不快去睡觉！洗澡啰！"

骂小孩都骂出了顺口溜："晚上不睡觉，早上不起床，你们还想要怎样！”不过这些方法还是一点用都没有。

直到我和百龄去上卡内基训练课，讲师要我们每人许一个承诺，选一个对象来付出关心，我们选的目标当然就是4个小孩。讲师接着又问：“那你们具体的做法是什么？”这可考倒了我，我只好说不知道。于是讲师问：“你的小孩最喜欢什么？”我想了想：“他们最喜欢迪斯科。”讲师问：“那你能不能学着去欣赏迪斯科？”我想这应该没问题，于是我试着跟孩子一起去跳。哇！那音乐真的很大声、很吵，我一直告诉自己，一定要忍耐、一定要忍耐，说来也奇怪，听迪斯科的次数一多，好像也就没那么难听，甚至慢慢开始有点喜欢。

偶尔我也会跟他们一起去跳舞，就这样和孩子们一起扭动身体，也是个很好的运动方式。一开始跳迪斯科纯粹是为了陪孩子，做梦也没想到，后来有一次我跟百龄两个人到巴厘岛度假，只有我们两人，屋里没电视，也没电话、报纸，两个人大眼瞪小眼觉得无聊，干脆半夜溜出去到迪斯科跳舞。哈哈，想起来也觉得很有趣。

其实父母没必要把和小孩一起做他们喜欢的活动当成一个苦差事，有时候你会发现也挺有乐趣的。我偶尔想，如果我也是个传统的父母，只会要求他们做功课的话，我有百分之百的把握，4个小孩绝对不会是现在这个模样。

我最欣赏4个孩子的好个性及善良的心性。有一次带孩子们去看棒球，最小的儿子黑立行才上幼儿园大班，好动的他会靠着栏杆，走过去拥抱其他小朋友，虽然被抱的小朋友有点吓了一跳，但在小儿子

> 讲师问："你的小孩最喜欢什么？"我想了想："他们最喜欢迪斯科。"讲师问："那你能不能学着去欣赏迪斯科？"

黑立行的眼中，他觉得这是个爱的世界，所以他很轻易可以去拥抱、关爱别人。至少这点我做不到，他的哥哥们也做不到。有次参加活动，坐我旁边有两个女生看到黑立行很可爱，就过去问他："小弟弟你叫什么名字？几岁？"而黑立行也很快跟她们熟稔起来。想想看，**有多少小孩对陌生人感到害怕、恐惧，但如果能让孩子们从小觉得这是个爱的世界，该有多好。**

※

美国卡内基训练中心有位在学校教书的兼任讲师跟我说过一个故事。当小布什还是州长的时候，老布什在与克林顿的竞选中失败了，他们班上有位小朋友就是小布什的女儿，那个小朋友常常带着笑容，是非常友爱的个性。

选举结果公布的时候，老布什输了，午餐时间就有很多人围着那位小朋友揶揄她："你的爷爷输掉了，你的爷爷输掉了。"老师看到这个情形，觉得小朋友很不应该，正准备出面干预的时候，没想到小女孩不但不生气，还跟嘲笑她的同学说："对，我爷爷输了，但我相信克林顿也会是位很好的总统！"我听了非常感动，这个孩子的爸妈在孩子面前一定言行一致。虽然克林顿是老布什的对手，但也没有口出恶言，否则孩子不会有这样的反应。在这种教养环境中长大的孩子，我想一定会是个保持客观、中立，有独立人格的人。衷心希望我的孩子也是。

孩子不是父母的复制品

教养孩子真是知易行难。也许你在书店可以买到10本、20本教你教养高情商孩子的书，但自己做起来，完全不是那么一回事。

我曾对在《国家地理杂志》上看到的关于“爱情”的专题报道很有感触。有位即将结婚的新娘，希望每个来参加婚礼的朋友都能给她一个建议，告诉她怎么经营美满的婚姻，婚后要如何才能幸福。

虽然文章里没有写最后新娘得到什么建议，但我自己开始想象，或许这位新娘打开信封，看到朋友给她的建议，她最大的感慨可能是：你们每个人怎么说的跟做的都不一样？当父母的也有同样的感觉，我们可能买了很多教养小孩的书回来，但当自己要教养小孩的时候，却完全不是那么回事。教养小孩其实和经营婚姻非常类似，结婚前觉得另一半跟自己个性不同，可以有互补作用，非常好；结了婚以后想法变了，都希望改变对方，让对方跟我们一样。动不动为了叠棉被、挤牙膏的小事就可以吵翻天，甚至决定要离婚。

陈之藩有篇文章写道，美国和欧洲的教育家聚在一起，欧洲教育家认为美国的教育就像是在挖矿，把孩子切、割、磨，变成一颗宝石，就像许多拿到诺贝尔奖的杰出学者一样。而欧洲的教育就像种花，教育人员做的是浇水、加肥料，让种子变成它本来的样子，无论是玫瑰、康乃馨、山茶花，他们都会细心呵护，让每一株花草都有自己独特的模样。这让我想到我有时面对的教育，不是挖矿也不是种花，而是塑料工厂里头的模型，要求个个都一模一样。

教养小孩，学校虽然有责任，但父母的责任更为重大。很多父母希望自己的小孩跟别的小孩一样，或是希望自己的小孩和自己当年一样。我发现当我对孩子发脾气的时候，往往是生气他们没有照我的话做，没有跟我一样。这就是"说起来容易做起来难"的典型例子。**如果我们可以尊重每一个小孩，像种花一样让他们自然长大，尊重小孩，不要让他们成为自己或别人的复制品，那父母也应该很欣慰了。**

有时候，我所面对的教育，不是挖矿也不是种花，而是塑料工厂里头的模型，要求个个都一模一样。教养小孩，学校虽然有责任，但父母的责任更为重大。

※

曾经有份调查报告指出，很多小孩比较有自信，是因为他们的独特性受到尊重，也因为父母采用鼓励及赞美的教养方式。

十几年前，我在温哥华遇到当地卡内基训练的负责人，他说在自己八九岁时，爸爸常常会问他很多问题，凡事都会征询他的意见。例如爸爸会问他："我们搬到这里来住好不好？我来这个教堂当牧师你觉得怎么样？"他现在回想，一个八九岁的小孩根本不懂事，**爸爸问他问题、征询他的意见，不见得是要他的答案，而是希望他能多思考，长大后成为一个有思考力的人。**

反观有的父母总是直接命令小孩："你去做功课！""你不能看电视！""赶快洗澡！""不要再上网了！"我们可以把命令句多改成一些提问句。如果孩子老是黏在电视机前，或许可以这么跟他沟通："我们吃饭要选有营养的食物，你现在已经看一小时电视了，你觉得什么电视节目是有营养的呢？你觉得你应该看哪些频道呢？"

再举例来说，父母常叫孩子赶快吃饭，孩子觉得很奇怪，为什么要叫我赶快吃饭？其实父母心里真正希望小孩赶快吃完饭，他们就可以赶快洗碗。其实可以换个方式，如同我们进行卡内基训练时，会问孩子们以后想要成为什么样的人。有个孩子说，他想变成篮球职业选手，我们会问他："好，变成篮球职业选手要什么条件呢？"孩子回答："身体要强壮，要长得高。"怎样才能身体强壮、长得高呢？那就是赶快吃饭啰！

所以，问孩子问题可以帮助他们思考，引导他们找到对的答案。如果可以给孩子多一些思考空间，亲子互动关系也会完全不同。

制造全家聚在一起的机会

全家一起开家庭会议，是我最珍惜的时光。有时有具体的事情要讨论，有时没有，就是单纯全家人一起聊聊天，地点可以是在饭桌旁、在地板上。

住在新店花园新城的时候，我们的家庭会议总是移师到公园或小区的喷泉旁。当年我考虑转换跑道，离开休斯飞机公司、回到光启社工作时，在喷泉边的家庭会议中，我问百龄及孩子们："我想换工作到光启社，你们说好不好？"我请他们每个人都发表意见，最小的儿子黑立行那时候才上大班，但一样有发言权。多年后他们长大成人，都还记得曾经全家一起在喷泉旁开会，讨论爸爸是否该换工作的话题。

其实当年要放弃飞机公司的工作回光启社，两个工作的性质、薪水差距都很大，所以开家庭会议，除了征询家人的意见，很大的因素也是希望借此抒解一下我的心理压力。

我们开家庭会议的方式很多元。有一回我看一份英文数据里提到，开烛光家庭会议的效果比较好，所以偶尔我们就会点蜡烛来增加会议气氛。我们也曾玩过游戏，让每个人只能用一个字来描述对彼此的感受。在这过程中你会非常惊讶，别以为孩子年纪小，什么都不懂，天真无邪的小朋友观察力往往是非常敏锐而正确的。例如有一次，小儿子黑立行就用一个字形容他姐姐黑立琍，他说姐姐是“变”。他这个字一说出来，全家都拍案叫绝。黑立琍很聪明，虽然她的聪明没有用在读书上，但她的反应快，则是全家公认的。黑立琍点子多，让黑立行经常应接不暇，所以他说出“变”时，大家都觉得这个字一针见血、非常精准。

父母和孩子们的相处，除了家庭会议外，还可以是和他们有共同的嗜好。例如一起运动，像打篮球、打乒乓球，或是年轻人最迷恋的网络游戏或是电动玩具等，都是很好的方法。**不要只是和孩子一起看电视，而是尽量让动态的互动多一些，这些都能增加亲子间的亲密感。**

我自己上初中那会儿没有再往上考，因此没有升学压力。一天到晚我都是在打乒乓球、台球、篮球，或者就是成天看小说、看报纸，当其他人要准备升学考没时间做这些事的时候，我则享受了一段充满活力的时光。所以当我们在美国生活的时候，车库就摆了一个乒乓球桌。孩子们和我打球，从来打不赢我。他们很爱打乒乓球，但只要我一上场，就将他们杀得片甲不留。他们觉得很奇怪，爸爸怎么这么会打乒乓球？我总是开玩笑地告诉他们，其实我是用青春换来的，因为那时我都没在读书，是打乒乓球长大的。

篮球也是另一项我热爱的运动。我和孩子们一起打篮球，虽然我的年纪比他们大得多，一转身还会不小心摔倒，但我三步上篮、投篮等基本动作仍非常不错，也让孩子们相当惊讶。

另外，我也很喜欢带孩子们一起到外面餐馆吃饭。百龄曾经问过我：“为什么不在家里吃饭，老是爱下馆子？”其实这是另一种争取和孩子互动的方法，因为下馆子吃饭，就等于是全家人一定要坐在一块儿吃饭谈话，大伙儿不能乱跑。所以我通常会在吃饭的时候，和孩子们谈谈话，而且每个人都有轮流讲话的机会，这也是增进全家人感情的好方法。

我们开家庭会议的方式很多元。在这过程中你会非常惊讶，别以为孩子年纪小，什么都不懂，天真无邪的小朋友观察力往往是非常敏锐而正确的。

与孩子说话时请看着孩子的眼睛

现在的家庭常常因为夫妻俩都是上班族，下班回到家时间都晚了，孩子忙着做功课，父母也要处理家务，亲子相处的时间很少，偶尔周末大家才一起去郊外走走。但我建议父母，无论你和孩子是一起到郊外爬山还是钓鱼，最好能多安排一些时间，找机会和孩子坐下来聊天、谈心，这才是日常最宝贵且重要的。

在卡内基训练中有个沟通的工具叫“心谈”。心谈的技巧是只问问题，不讲道理、不分析，只有完全的倾听，跟我们平日的人际互动沟通完全不同。有一次我跟女儿心谈，我问女儿：“你从小到大，最有挫折感的是什么事情？”结果女儿竟然回答：“我跟你讲话最有挫折感。”我吓了一跳，心想，怎么女儿跟老爸讲话会最有挫折感呢？于是赶紧问她：“为什么你跟我讲话最有挫折感？”女儿说：“因为小时候每次跟你讲话的时候，你的眼睛都没有看着我。”

事实上，**当小孩跟我们讲话的时候，我们有没有专注听，或是眼神有没有和他们接触，对年纪很小的小孩是有很大影响的。**要不是黑立琍告诉我，这是我当时完全没有想到的事情。父母必须要注意的是，当小孩跟我们讲话时，我们虽然听到了，却没有停止看报纸、做家务、看电视等等动作，在这同时，我们其实正在传递一个错误的讯息给小孩：“爸爸妈妈对我根本不感兴趣，我说的话他们根本懒得听，甚至我在爸妈的心目中一点都不重要。”事实上，父母的心中可能完全没有这个意思，只是无意的行为，但小孩接收到的讯息却是负面的，必须要特别注意。

黑立琍跟我很像的一点是，她非常希望获得别人的注意，不知道是不是因为我和她讲话时没有看着她的眼睛所造成的挫折感。而她从小学五年级就开始化妆、打扮，小小年纪就每天花两个小时夹睫毛、打粉底、画眼影等等，除了爱漂亮的因素外，也许是要获得更多的关注。

> 大多数的父母可能做梦都没想到，讲话时看着孩子的眼睛会这么重要。像我女儿在这么多年后还记得这件事，可见小小的动作，对孩子的影响却非常深远。

仔细回想，当我在跟别人或客户讲话的时候，对方如果没有看我，我也觉得很有挫折感。例如有一次我向李国鼎先生汇报工作，我还记得那时候他坐在一张U字型的大桌子旁，在我作报告过程中，他从头到尾都没有抬头，一直在看其他人刚刚给他的一本杂志。我报告作完了，他也没有反应，会面就这样草草结束。这也是我一生中遇到的重要的挫折，但我并没有机会告诉他。李国鼎先生是我非常敬佩的人。当时我想，如果他能知道自己这个习惯会让人不舒服的话，就更好了。

如同女儿告诉我，才让我自己觉醒一样，大多数的父母可能做梦都没想到，讲话时看着孩子的眼睛会这么重要。像我女儿在这么多年后还记得这件事，可见小小的动作，对孩子的影响却非常深远。

别让无心的话造成伤害

在和孩子相处的过程中，我们可能对孩子造成伤害却不自知。

曾有一次我到美国开会，顺道去西雅图看老二黑立国和3个小孙子。当时返程的飞机是夜里两点，我就跟黑立国说，我们到游戏厅消磨时间吧。原本我想自己先在游戏厅打发时间，再坐车到机场，让黑立国先回家休息。没想到他跟着下车，表情严肃地说："我们到咖啡厅坐坐好了。"一坐下来，他就告诉我："经过很长时间的思考，我原谅你了！"那时我愣了一下，有些错愕，也忘了当时自己到底说了什么。

如果我要是那种大男人个性，早就生气了，天底下哪有"儿子原谅老子"的道理，不先破口大骂一顿才怪。但我愣了一会儿，静下心来听听黑立国要说些什么。他说他前一阵子非常生气，对我很失望。

因为他和他的妻子生完第一个小孩后，一直想要生第二个，让孩子有个伴儿。但是无法如愿，眼看他的妻子快40岁，已经是不适合生产的年龄了，于是他们想要到柬埔寨领养一个小孩。这件事情他们做了很长一段时间，我都不知道。

那天黑立国打电话回家，我接起电话劈头就说："哎呀，不要啦，领养什么小孩，已经有一个小孩就好了，而且你们夫妻两个工作已经这么辛苦，你又爱打球，哪有时间再多照顾一个小孩！"我自顾自地说了他一顿后。他不出声，也没讲话，后来才说："我要做的事情你凭什么反对，我已经30多岁了，这是我自己的生活，你没有权力管！"这时我只好告诉他，如果你坚持要领养，我也没办法。

黑立国接着又反问："当年婆婆也反对妈妈嫁给你，你不生气吗？人家这样不赞同你，你不难过吗？"我趁机告诉他："我是真的不气，如果我是婆婆我也会反对妈妈嫁给我，好好一个女孩子为什么要嫁给生活贫穷的我？"黑立国大概觉得辩不过我，干脆又不讲话了，不过他们仍继续坚持领养小孩的计划。因为百龄是学医的，所以由她陪着黑立国夫妻去。我本来以为这件事情就结束了，父子间的冲突应该化解了，没想到黑立国心里的结仍在那儿……

相对于发达国家，柬埔寨仍是个比较落后的地方。等他们终于到了孤儿院领养小宝宝，小宝宝的签证竟然出了问题，不能很快到美国。那个时候我告诉他，既然拿不到签证，那就把孩子先送回孤儿院，等到签证发下来，再马上回去把孩子带回家。没想到这句话惹得黑立国更生气了，他说："你怎么可以说这句话，怎么可以把小孩子送回孤儿院去！我既然已经把她领养出来，她就是我的女儿，哪一个父亲可以把女儿送回孤儿院？"

很多亲子间互动的细节，一些无心的话，可能在不知不觉中就造成伤害。

这件事给我带来很大的冲击。第一个冲击是很多亲子间互动的细节，一些无心的话，可能在不知不觉中就造成伤害。**父母在教养孩子的过程中，针对不同的年龄、环境、事情，要有不同的沟通方式；孩子30多岁了，我们却忘了他已经是个有独立人格的大人，做父母的有什么资格要求他，一定得照我的意思来做呢？**虽然在这样的过程中，父母心里有一点不舒服，但对孩子的尊重，必须随着他们的成长而调整，只有一套标准是行不通的。

第二个冲击是我真的没想到他这么有爱心，自己当医师已经这么忙碌、这么辛苦，他却还愿意去领养小孩。其实我想想也觉得非常欣慰，如果他已经这么忙碌却还愿意为孩子付出，想必他对他的病人一定也是无怨无悔地付出。

人生真的很奇妙。在从柬埔寨领养第二个女儿后，黑立国的妻子竟然又自然怀孕了。那时候大家都很担心她已经是高龄产妇，生下唐氏儿童的概率大增，但他自己当医师，却坚持不让太太做羊膜穿刺，也鼓励哥哥黑立言生孩子的时候不要做，因为他说羊膜穿刺有可能对小孩造成伤害。他当时说：“我已经决定，就算这孩子生下来是一个智力有障碍的孩子，我也会养育他长大。”这句话让我至今都非常感动！

鼓励是孩子学习的最佳动力

黑立国出生的时候，是我们家生活最穷苦、最凄惨的年代。他出生在三总医院的大产房里，医院还因为产妇太多，不让百龄休息太久，马上就要求她出院。所幸这段比较困苦的童年，没有让黑立国变成愤世嫉俗的小孩，他在成长过程中仍然相当开心。

我们常说，黑立国小时候是那种头脑简单、四肢发达的孩子，非常好动。在美国时，我们养了只很大的圣伯纳犬，帮狗洗澡、带狗出去散步都是他一手包揽，家里的一些粗活，像锯木头、搬树、除草也全都是他自愿帮忙。

黑立国也是家中的冒险家，他喜欢骑自行车，也参加过好几届马拉松比赛。只要他参加比赛，我们一家人就在路边给他呐喊加油。高中时他还当上摔跤队长。他这些冒险家的个性，其实从我们住在新店花园新城的时候，就可以窥见一二。

花园新城是个大小区，有自己的小区巴士。如果从小区入口走路，要走一大段路才能到自己家。别的孩子可能走得累就直接回家了，但黑立国的每一天却都像是开启了一场探险的旅程。今天抓了金龟子，明天带了只甲虫，后天手上又抓了只小乌龟。这些小动物还有自己的名字，什么罗兰飞弹、坦克，非常有趣。不然就是突然在回家路上的山边，采了个香瓜回来。花园新城当年因为规划很多自然绿地而相当闻名，很多民众还特地跑来这儿的野溪游泳、玩耍。对好动的黑立国来说，这儿简直就是为他量身打造的乐园。我们住在半山腰，他常常拿个滑板，一溜烟从家里滑到山底下。每次百龄想买东西，他马上就主动出门，拿着滑板滑下去。

教养孩子就像花圃里头有不同的花，父母如果没有这样的认知，可能会被不同个性的孩子给气死。黑立国从小好动爱玩，心思都不在功课上，所以成绩一直很差，但偏偏又很好强、好胜，脾气也不太好。我有时候跟他打乒乓球，他接不到球或被我杀球，他都很生气，甚至还会瞪我。他的奶奶总是提醒我，难道小孩没有自己的个性吗？这就是黑立国的个性。

像黑立国这样有个性的孩子，如果接受一般传统教育的话，我可

> **教练肯定的赞美，对黑立国产生很大的激励作用，因为他想要活出他在教练心中的样子。**

以肯定他百分之一百考不上任何大学，也有可能成为不良少年。他在初中一年级的时候到美国去念书，刚开始他的个性还是没改。照样天天玩耍、天天混，功课也不好，不读书，还忙着交女朋友，只有霹雳舞跳得最好，直到高二遇到了改变他一生的摔跤教练……

黑立国人生的转折点是从加入摔跤队开始的。当时，摔跤队里有很多功课很差，甚至每科都不及格的同学，那时候教练跟这些摔跤队员说，学校有个规定，参加摔跤队平均成绩至少要有B-才可以。功课不太好的队员纷纷反映说大家功课都很差，怎么可能拿到B-。教练说："为什么Thomas（黑立国）可以做到，你们就做不到呢？"教练这个肯定的赞美，对黑立国产生很大的激励作用，因为他想要活出他在教练心中的样子。

之后，黑立国开始读书了，这也改变了他的一生。他不仅仅是高中的摔跤队长，最终还成为了一名医师。

支持孩子去完成梦想

黑立国的人生很精彩，他有梦想就努力去实现，也做了很多一般人眼中觉得疯狂的事！

读大学期间，他学吹萨克斯。回家乡休假的时候他把萨克斯带回来。有一天他突发奇想，穿得破破烂烂的，跑去台大罗斯福路的地下通道表演。他放了个帽子在地上，竟然就摆摊当起吹萨克斯的街头艺人。路过的行人偶尔有人真的给钱，那一天帽子里的钱加起来有90多元，虽然赚的钱连100都不到，可是他还是开心得不得了。

这件事他并没有告诉我，我是从别人那里听到的。我没有说他，也忍住没讲话。私下我去问女儿黑立琍，问她知不知道黑立国为什么想到地下通道吹萨克斯，是不是有什么特别的理由。结果黑立琍的回答很有意思，她说："他不需要有理由才去地下通道吹萨克斯啊！"

我曾经写文章提到，黑立国当街头艺人时，我曾请他思考，“大家都以为他是流浪的街头艺人，如果知道他是黑幼龙的儿子，会有什么想法？”但黑立琍的回答，我仔细想想也有道理。像黑立国这样，想到什么就去做，一点都不迟疑，也令人非常羡慕。不像我们可能年轻岁月都已经过了，之后想起来有些梦想没能去完成，白发时无计可施，所以对黑立国率性的行为也就能够接受了。

黑立国在家乡几年的读书过程中，功课都非常差，经常是班上倒数几名，只有棒球打得不错，还曾经入选荣工棒球队。我和百龄对他的学业几乎完全放任。我们没有要求他去补习，也不看他的作业，更不去强迫他。我和百龄甚至觉得，**就算他以后长大要去当木匠，只要有一份正当的工作，也没什么不好**，只是万万没想到，黑立国后来竟然读了医学院当了医师。

像黑立国这样，想到什么就去做，一点都不迟疑。不像我们可能年轻岁月都已经过了，之后想起来有些梦想没能去完成，白发时无计可施。

黑立国从小调皮捣蛋，挨骂的次数自然比其他孩子多，但我们对他的爱从来没有减少。所以**虽然哥哥、弟弟、妹妹功课都不错，但他不会因为功课不好被歧视，我们对待4个孩子的爱是一样的。**

其实我到现在还觉得，黑立国能有今天，是个奇迹。如果在他的教养过程中，我们只要走歪了一点点，他会变成什么样子，我们真的都很难想象。

赞美，何时都不嫌晚

我知道你常被下面这些问题困扰着：有的人就是不习惯赞美怎么办？经常赞美不是很虚伪吗？有时候可能不用说出来，对方也会知道吧？

你的这些问题都很实在，但我更想用另一个问题来回答你的问题——我们能不赞美吗？想想如果不赞美须付出那么大的代价、承受那么大的损失，我也不敢停止赞美。

有一年大年初四，好朋友邀我到一家大饭店的咖啡厅聊天。他是一家化妆品公司的负责人，我们平常很少有机会见面。那天刚坐下不久，他就向我大吐苦水。他向我抱怨用人之难，抱怨每年要花那么多钱招人，还要花好多时间面谈，做专业训练，但没多久就都走光了。他的公司一年有1/3的人离职，他们的待遇很好，休假、福利更比一

> 卡内基说过，人有一种需要被赞美、被感谢的渴望。

般公司好，为什么人员流动率这么高？他很纳闷。

谈了一会儿后，我问他上次赞美他的职员是什么时候。他说，不记得了。接着又说，他很少赞美职员。卡内基说过，人有一种需要被赞美、被感谢的渴望。

有一次，我那正值叛逆期的儿子说什么就是不去做功课。我突然想到他的一篇文章登上校刊的事，就跟他说："我一直以为你的特长是数学，也很留意你的数学成绩，因为我小时候数学成绩最差，想不到你的作文也很好，那篇文章写得很感人，我还拿到办公室去给我的同事看了。"你不难想到，他听了这段话后，很快就采取合作态度去写作业了。

在赞美中成长的孩子对自己更肯定、更有自信，将来与同事起争执的机会较少，更不需借离职来肯定自己的价值。现在开始赞美，一点都不嫌晚。

帮助孩子做一个有创造力的人

被人尊称为“观光之父”的严长寿先生是我最敬佩的人之一。他曾说过，今天社会上最需要的能力，都是考试考不出来的能力，好比沟通、人际相处。

很多人说“想做一个有创意的人”，这个理想很好，只是在说法上需要修正一下。与其说设法做个有创意的人，不如说要学会发掘自己的创新力。当然，要是还能帮助他人发挥创意就更好了。

其实人本来就有创新力，区别人与其他万物最大不同的就是创新力。多少万年以前，人与动物同样住在山洞里，同样忍受冬天的寒冷、雨水的侵蚀。今天呢？人不仅已经住在冬暖夏凉的屋子里，而且还去了月球，飞上太空。而动物仍住在山洞里，与几万年前一样。为什么？因为人类具有独一无二的创造力。

小时候的我们都相当有创意，一根竹竿可以当马骑，也可以做击剑、当标枪、做围墙、做指挥棒。渐渐地，这种引发创新力的想象就被压抑、被抹杀了，“乖乖地去给我做功课”常是最大的杀手。

补习、考试，只要求我们背和记，其他的最好都少碰，比如：创意、思考、合作、沟通、人际关系，因为考试不考这些项目。你我都清楚，在成长阶段缺乏了这些，将来会是多么悲惨。人在青少年时期最能激发创意，然而艺术、墙报、戏剧、辩论比赛，常被家长视为是浪费时间。

记得我看过一段意味深长的故事，有个小孩，在后院不断往上跳，跳的时候还把手伸得高高的，他妈妈在厨房洗碗，看到了就问他：“你在干什么？”那小孩回答说：“我要跳到月球去。”妈妈听到了就说：“哦！不要忘记回来哟！”那个小孩就是第一位登陆月球的阿姆斯特朗。

人本来就有创新力，区别人与其他万物最大不同的就是创新力。

其实，不一定得是航天员或发明家才需要创造力。在企业开展营销、改进质量、提高生产方面，创新常可用来做提升或改良之用，服务业更是如此。此外，**也许因为人本来就是有创意的，当老板鼓励员工提建议、想新点子的时候，员工的参与感增加了，成就感也有了，就会更愿意将公司的事当成自己的事来做。**做一个有创新力的人多么重要。

构图力是沟通的关键

我现在正在香港机场准备转机，广播公告到青岛的班机要延迟起飞，延迟多久不知道，你可以想象候机楼此刻的混乱。本来我也有点烦躁，后来我告诉自己，为什么不闭上眼睛，想想现在该想什么呢？

我不由得会想到自己的好运气。

我曾在一本书中看到过这样的说法：在访问卓越的企业负责人时，他们对于成功因素的答案很多竟然是：运气好。我在想，除了感谢上苍的恩赐，庆幸自己运气好之外，还有什么事情是我生命中最有意思的事，或自己觉得做得比较好的事？

那一定是构图的能力，称之为“想象力”或“联想力”也可以。**将一个讯息、一个事件、一个经验、一个事业构筑成一幅图画，有色彩、有动作，自己也在里面，一定很有意思。**

美国电视节目主持人奥普拉认为，精彩的沟通就是将讯息变成画面，并且帮助别人在他的脑海中画这幅画。我们不但要会在自己的脑中构图，还要能画给别人看，也就是用图画来表达我们的想象力、联想力，给别人留下深刻印象。

有了构图力，像林肯、罗斯福、丘吉尔、里根，甚至包括克林顿，这些政治人物能发挥那么强大的影响力，像莎士比亚、雨果这些文学家能写出震撼人心的巨作。还记得《巴黎圣母院》这本书的起源吗？据说雨果在巴黎圣母院的一个角落，发现墙上刻着一个单词，这个词在希腊文里是悲痛、焦虑的意思，就这么一个词，让雨果写出了这么伟大的一本著作。雨果的想象力、联想力是多么丰富。

我很喜欢的一首歌是《日出日落》（*Sunrise Sunset*），这是《屋顶上的小提琴手》里的一首歌曲。电影的画面是父亲送长大了、想要出门远行的女儿搭乘火车。父亲唱着："这就是我常抱在手上的女孩吗？她什么时候已经长得这么高了，我怎么一点都不觉得老哩！日出、日落、日出、日落，一个季节跟着一个季节过去……"我在小儿子的婚礼上，也用这首英文歌做背景并朗诵中文歌词。后来好多朋友告诉我，他们非常喜欢这一段，我自己也很开心。这就是沟通。20年前，听到卡内基训练，我开始编织一个梦，再全心全意地投入这个愿景中。从刚开始的一位学员都没

精彩的沟通就是将讯息变成画面，并且帮助别人在他的脑海中画这幅画。

有，一直到现今这么多学员的过程，最大的推动力可能就是我的构图力。

联想，常常做的话，会改变人的一生。

创造孩子的生命自然律

有个理论认为，孩子的生命有一个自然律，而这个自然律来自周遭的人怎么看待他。

有一个爸爸带着智力缺陷的孩子到小区散步。路上经过一个棒球场，小朋友问爸爸："你觉得他们会让我上场比赛打球吗？"爸爸虽然知道机会渺茫，但他还是去问了那个领队。领队说："现在是第九局，我们落后3分，我们设法把你的孩子排进来好了。"之后那个小朋友就换上了球衣，坐在板凳上，眼睛炯炯有神地看着球场，还跟坐在观众席的爸爸打招呼。

这时第九局满垒，领队竟然要这位小朋友上场。这个从来没有打过棒球的孩子拿着球棒站上打击区，投手看了看这位小朋友，拿着球往前走了两步，轻轻把球投出。小朋友连球棒都不太会拿，别说要打到球了，结果当然是没打到；第二次，投手又轻轻地把球丢出去，这次小朋友打到了，是个力量很弱的滚地球，很轻易就可以传一垒封杀出局。不过接球的人故意传了一个暴投，然后全场观众就大喊："二垒！二垒！"这个孩子呆住了一会儿，才继续往二垒跑，结果二垒手又故意漏接，大家又喊："三垒！三垒！"球传往三垒又没接到，就这样在全场人员的鼓励下，这位小朋友一路跑回本垒得分。他非常开心，因为自己从来没有这样被当作英雄看待过。

遗憾的是，这位小朋友没有赶上第二年的暑假球赛，因为他打完球之后不久就去世了。爸爸讲起这段往事非常伤感，眼眶里都是泪水，但他非常开心儿子有这么美好的一段回忆。这些温暖和支持是所有人一起给他的，这就成为孩子与世界接轨的生命自然律。

一个小孩从出生、小学一路到大学，父母、老师、学校、社区整个环境，每个人对待他的方式就是这个小孩世界的自然律，会影响他的一生。**孩子的世界是充满美好，还是充满仇恨与怀疑，都是通过和周遭环境与人的互动得来的。**从这个角度看，父母跟子女的很多互动，老师和孩子的很多互动，对孩子都具有很大的影响力。例如，我们小时候在学校被老师当着大家的面打耳光，会觉得很没尊严，长大以后对社会就会多些敌意和防范，也正因如此，我们更希望自己的下一代不会继续这样。

※

当年，有一位专门为大专学生做辅导工作的朱神父，他到美国时就会去看望留学生。当时，留学生在美国生活其实很辛苦，有些人在餐厅打工洗盘子，有些在屠宰场工作，有些原本很优秀的孩子甚至都变得非常潦倒。不少留学生夫妻为了生活，把自己的孩子交给别人带，然后自己再去帮人家带小孩、打零工赚钱。

> 我自己没有受过什么好的教育，所以即使在我们最穷困潦倒的时候，小孩的教育都没有荒废。只要是围绕着教育这个中心点的所有事情，我们都尽量支持。

有一次朱神父告诉我，有位女留学生愤愤不平地说：“为什么要帮新来的留学生忙？为什么要给他们临时的地方住？为什么得帮新留学生介绍工作？应该让他们吃苦！我们刚来的时候也很苦啊，应该让他们吃吃苦、受受罪才对。”这个女学生的说法给我很大的冲击，因为这代表两种不同的观念或想法，也可以用在父母身上。

有些父母自己小时候受了罪，觉得小孩也应该受这些罪：“为什么要给他特别的保护和帮忙？”也有些父母刚好相反。我在工作时，有次去拍节目，有位导播给他孩子买的衣服是在法国买的，价格不菲。虽然当年导播的待遇并不高，但他想的就是因为自己当年没有得到，所以更愿意给小孩他所错过的、所失去的生活。

教育也是如此。有不少父母自己没有、错过了，就算家里条件一般，也要拼命让小孩念最好的学校；有的父母认为自己没有得到，小孩也没有必要拥有，对孩子就很凶、很冷漠。或许大家都在谈物质层面的东西，但关心呢？爱呢？照顾呢？

谈到陪4个孩子长大的过程，我一直采取的方式是“多付出一点”。我的父亲很严肃、很专制、很大男子主义，而且坦白讲，父亲很硬心肠。有一回我弟弟离家出走，父亲看都不看，理都不理，他认为时间到，孩子自然就会回来。可是我觉得**我没得到的，我会想办法让小孩得到，我已经得到的，例如从我母亲那里获得的赞美，我会让孩子们得到更多。**

现在已经很少人有“养儿防老”的观念。现代父母对孩子这么好，既然不是想养儿防老，也不是想要回报，父母的心情就更微妙了。我曾经也因自己没有受过什么好的教育，所以即使在我们最困难的时候，小孩的教育都没有荒废。只要是围绕着教育这个中心点的所有事情，我们都尽全力支持。例如，在20年前我们买了一辆500美元的自行车给读高中的黑立国，或是让读小学的黑立琍参加夏令营的活动，我都一直支持他们。所以，我也希望父母除了物质以外，要更多的给孩子爱和关心，因为那才是最重要的。

发牌的是上帝，玩牌的是自己

我听过一个故事，无论是真实的或讹传，每当我想起来，心头都还是有某种震撼。

这个故事是这样的：

达·芬奇在画《最后的晚餐》时，需要一位模特儿来当犹大，就是出卖了耶稣的那位门徒。很显然，这位模特儿必须看起来有点邪恶才行。于是达·芬奇就到街头去找，后来终于找到了一位长得相当难看的乞丐，衣衫褴褛，似乎还挺适合。

当达·芬奇带着这位乞丐穿过走廊往画室走的时候，乞丐一直瞪视墙上一幅幅的艺术品，好像若有所思，等到他坐下来要扮演犹大时，他突然痛哭。

原来他看到墙上的那些油画、浮雕时，忽然想起自己小时候也当过模特儿，而且是扮演小天使。

从天真可爱的小天使，到一脸邪恶的犹大，都是谁的错呢？该由谁负责呢？我不知道这个故事是真是假，但我相信这样的情况是有可能发生的。

如果我们常怀恨在心，经常猜忌别人图谋不轨，如果我们常对他人充满敌意，针锋相对，如果我们常对自己不满，自卑、退缩，如果我们常对未来悲观、消极，经过一段时间后，我们必将恶形恶状。

经常微笑，能享受每一天宝贵时光的人，是否能给人容光焕发的感觉呢？那些常怀宽恕与原谅之心的人，日子一定比较好过，烦恼也比较少，长期下来，皱纹是否也较少？有的人不爱嫉妒他人，喜欢分享他人成功的喜悦，常视困难为机会，对很多事都抱持正向的思考模式，这样的人看起来真的不只是心善而已，他们的面貌也善良。我并不是在强调面貌或面相的重要性，但我们能不能做自己想做的那种人呢？

有句话说，“40岁以前的相貌由父母决定，40岁以后的相貌由自己决定。”这句话真是刻骨铭心。

我想做一个快乐、积极、受欢迎的人，最好从现在开始就将快乐、希望、关心注入生活的每一天当中。西方人的说法也很有意思，“发牌的是上帝，玩牌的就是我们

“发牌的是上帝，玩牌的就是我们自己。”有的人拿了一副好牌却输，因为他没有好好出招；拿到一副不怎么好的牌的人，反倒真的常赢。

自己。”有的人拿了一副好牌却输了，因为他没有好好出招；拿到一副不怎么好的牌的人，反倒真的会常赢。

听完这个故事后，你有什么想法？你一定很想知道自己的未来是什么样的。其实，预测未来的最好办法，就是去创造一个未来。

父母给孩子的19条人生寄语

我曾上过很多次《快乐时光》这个广播节目，每次主持人都会问我："快乐是什么？"记得我说过很多种令人开心的方法。许多朋友听了之后告诉我，他们也颇有同感。现在，我想与父母们分享19条人生经验，我觉得它们是相当宝贵的，我甚至认为要是自己早一点体验到就好了，建议大家也可以套用自己的经验分享给孩子。

一、不要批评别人。批评有可能会伤到他人宝贵的自尊，会失去他人由衷的合作机会。

二、常常想到自己的福气。我们通常只会想到自己的运气多不好，要是你今天就列单写下自己得到的恩典，你会发现还真不少。

三、常赞美，让他人觉得自己很重要。赞美必须是真诚的、无所求的。人的一生需求大部分都可以得到满足，像食物、住宅、健康等，但需求最迫切的自我价值感却很难得到满足，于是我们会设法从其他渠道获取，像大声斥责、打架。如果自己的父母或老师能了解这点，一定很有福气。

四、可以失败，但不要忘记从失败中汲取教训。有的人后来变得功成名就，就是因为他们知错以后不找借口、不推卸责任。

五、有时候得不到你想要的，反而是种福气。

六、要对规定了如指掌，这样你才知道如何突破。成功常发生在规则之外，但通常都发生在懂得运用的人身上。

七、不要让琐碎争执伤害到珍贵的友谊。我很羡慕那些很年轻就玩在一起的哥们儿，他们真的把握到了这一点。

八、承认自己的错误，进而会道歉的人，最能赢得尊敬。我们都会犯错，只是少数人反而因此更有收获。我的女婿就是其中之一。

九、每天有一段独处的时光。

十、相信自己是个有潜力的人。玫琳凯说，要是你自信自己能做到，你就能做到；要是你相信自己做不到，你就做不到。

十一、学习克服忧虑与压力。现今竞争这么激烈，变化这么快，未来只会更快、更激烈，不具备这些能力该怎么办呢？

十二、重要的事先做。这么简单，但我们每天偏偏会让琐碎的事占满行程表。艾森豪威尔也说过，紧急的事情很少是重要的。

十三、态度积极，充满热忱。年轻人刚进入社会可能以为专业能力最重要。《天下杂志》曾做过一次调查发现，大多数的老板最希望新入职人员具备的是积极的工作态度。

十四、热情地接受改变，但不要放弃你的价值观。无论你同不同意，周围的人、事、物都在改变。我已经看到不少人黯然退场，因为他们没有改变。

十五、学习沟通。记住，“听”比“说”还重要，“怎么说”比“说什么”重要。

十六、每年去一个你从未去过的地方。我们以前做不到，你们现在只要管理好打工的钱就可以了。

十七、重视家庭生活。幸福的家庭气氛是人生的基石。

十八、沉默有时是最好的回答。希望你不要到我这个年龄才发现这个秘诀。

十九、终身学习。松下幸之助从一个自行车学徒变成拥有几十万员工的公司董事长，他将自己的成功归因于终身学习。

人一生的需求大部分都可以得到满足，像食物、住宅、健康等，但需求最迫切的自我价值感却很难得到满足，于是我们会设法从其他渠道获取，像大声斥责、打架。如果自己的父母或老师能了解这点，一定很有福气。

微软的比尔·盖茨也认为，未来的大趋势之一就是成人教育将愈来愈重要。看看你周围的朋友，如果从学校毕业后就不再学习了，你要赶快影响他们。

以上19条人生忠告，不仅孩子们要知道，父母若尚未做到，也应记得快快跟上。

成长是一辈子的事

你会觉得自己有一段时间没有成长、进步了吗？

有一天我接到朋友的电话，他告诉我说，他刚刚跟妻子吵了一架。这次吵架与以往不同的地方是，他的妻子说了一句很奇怪的话，他不懂他的妻子为什么会冒出这么一句。原来在吵架的时候，他大声说："你现在怎么变了？以前你什么都听我的，现在怎么问题那么多？"太太回答他说："每个人进步的情形不一样啊！怪谁。"

"每个人进步的情形不一样"，这句话真的意义深远，也很有震撼力。难怪我这位朋友会觉得有点讶异。**人的成长不只是一条漫长的路，而且还是一条没有终点的路，甚至每个人成长的速度都不一样。**

那年我去参加毕业20周年的同学聚会，看看每一位老同学，变化可真大。有的人肚子已凸起，有人头发开始发白，也有人带了小孩一起来，有人还是单身，有的人在工作事业方面已颇有成就，有些人却显得颇为落寞。20年了，同学们的发展竟有这么大的差异。为什么呢？

大家都是同一学校毕业，老师也都一样，聪明才智也一定很接近，为什么现今的状况这么不同？有的人开始的时候进步很快，像刚从学校毕业，或新婚期间，但之后就慢下来了。有些人成长到某一阶段后就停止成长了，真的很可惜。

我们都听过“活到老，学到老”这句话，真的做起来却像“活到某一年纪就不用学了”。单以“沟通”来说，有的人学到了（无论过程轻松或历经沧桑），交朋友、谈恋爱的时候需要培养勇气、具备自信，真诚地与另一方沟通。有的人就是不管那么多。

新婚期间两人需要适应，两个不同生活、不同习惯、不同嗜好的人，如今要生活在一起，他们多么需要借助沟通来练习包容、尊重。此外，还要增强自信，这样才能减少独占的心理。

不沟通本身就是一种沟通，也就是冷漠、疏忽甚至不关心。我相信，没有人想向子女传达这些讯息。以后，子女长大了，离开家后，两位老人又要学习怎么沟通，才能享受自己挣来的晚霞之美。

才刚以为沟通功力的练习已经到一段落了，想不到又要进入另一个全新的领域——亲子关系。从练习与幼儿沟通，到他们成为青少年，再到进大学，我们都要刻意与他们沟通。有的人还是觉得那么麻烦，管不了那么多。其实不沟通本身也是一种沟通，冷漠、疏忽甚至不关心，都是一种沟通。我相信，没有人想向子女传达这些讯息。以后，子女长大了，离开家后，两位老人又要学习怎么沟通，才能享受自己挣来的晚霞之美。

而"沟通"只是成长的一部分而已。成长的列车一直在往前行驶，我们千万不要只成为月台上挥手告别的送行人，而是要成为一起前进的好旅伴，让这条成长路走得又长又远！

辑二

孩子，我陪你走过属于你的成长之路

你们都还好吗？

这是我又一次公开地与你们谈心的时候了，心情相当澎湃。

不久前，吕先生，一位通过书信认识的朋友，写信跟我说，他最近看了我的一本书:《黑幼龙观点》。那是我在30多年前出版的，是由我在《时报周刊》的专栏上，陆陆续续写的文章集结而成的。他说他很喜欢那本书，要是能在那些文章结尾处，都标上年月日就好了！

举例来说，有一篇主张该开放“汽车电话”（那时还没有手机），并列举了多项理由，包括移动电话的频率被官方所占用，但可以调整。要是能在该文尾标示“1985年某月某日”，现今再阅读起来多有意思！因为不只是显示了这30多年的大变化，而且今日手机功能的神奇，即使爱因斯坦再活过来都会惊讶不已（杨振宁受访时的谈话）。要是注明了日期的话，不仅凸显了时代的背景，时光飞逝的速度，也旁证了人生及心历路程的奥妙。

如今在这本书中，很多是当年我写给你们的信。那时你们正值青春期，有烦恼苦闷，也有疯狂的梦想。老爸也有！但我在信里很少提醒你们要用功读书，或该怎么规律自己。**我最享受的是写信时的心情，和那微妙的亲子间的互动。**要是文末也标示日期某年某月某日，现在看起来就更传神了。可惜当时都没有留下标注。那已经是30年前的事了，现在你们的孩子都已是当初信里的这个年纪了！

然而**有些事情是不会改变的，像亲子关系、手足之情。**看到你们之间感情这么好，我很羡慕。

那时你们当中有两个刚进大学，两个还在念中学。那时，你们都正值叛逆期，青春活力满溢，记得你们不止一次跟我说，常常期待我的信。

现在再看看这些信的内容，坦白说，我一点都不觉得自己是在说教。里面有很多话，可能当你们的面我说不出口，但在信中我都表露无遗了，像是“我深深以你们为荣”“我何其有幸，能有你们这样的孩子”……

这次我要在信中间就注明日期：现在是2020年初，我即将满80岁了，夕阳依然无限好。虽然我和你们的母亲早已进入空巢期，但我们还是常常能感受到浓浓的父母与子女的亲情，有时还加上祖父母与孙辈的乐趣。

现今你们已经有小孩上大学了，真是不可思议。几年前在西雅图第一次坐孙子驾驶的车子，还真觉得有点怪怪的，你们的母亲还有点担心。你们开始写信给孩子了吗？把你们心里的话说出来吧。要知道，他们可能也很期待爸妈的来信，感受一下你们的思念与期望。

最近有一次听到你们彼此交谈时说道：“当年爸妈怎么能忍受得了我们？”你们真的诚实得有点可爱。无论你们当年如何，我们都走过来了。现如今，我觉得你们的孩子都很好，有可能是因为你们更有爱心，更有耐心。

生命就这样传下去了，我们是这生命大河中的一分子，希望这河流因我们而更美，更壮观。

我的孩子，感谢有你们

有位很有名的作家说，他写文章时经常会想到哪里就写到哪里。我希望写给孩子的这封信，也是想到什么就写什么。刚要提笔写这封信时，真的有一种庆幸的感觉。我的第一个念头就是“感恩”，相信你们也有同感。

我喜欢《感恩的心》这首歌：“我来自偶然，像一颗尘土……感恩的心，感谢有你。”也好喜欢《奇异恩典》（*Amazing Grace*）的歌词：“初信之时，即蒙恩惠，真是何等宝贵。”

姓“黑”的人这么少。你们的爷爷常常会提到，他十几岁时一个人离开河南老家，想不到多年之后会变成20多个人。我听得出来他的得意。想想，我也是从只有我一人姓黑，变成整整有20位成员的黑氏家庭了（女儿黑立琍的3个小孩中文名字也姓黑）。要紧的是，这个世界不只是增加了20多位姓黑的人，而且还是20多位好人。

✻

记得那部电影《遗愿清单》（*The Bucker List*）吗？两位得了癌症的老人，都只有不到一年时间了，相约去实现一些人生的梦想。其中一项是去看埃及的金字塔，在金字塔上，那位知识渊博的汽车修理工和出钱旅游的亿万富翁说，埃及人有个传统，认为人死了之后，到了天堂门口，都会被问到两个问题，你对这两个问题的回答会决定你是上天堂，还是下地狱：

第一个问题是，**你这一生找到快乐了吗？**

第二个问题是，**你这一生有没有帮助别人找到快乐？**

我希望你们常问自己这两个问题。无论你们已经做到了多少，都还要继续问自己，**我快乐吗？我怎么才能帮助别人更快乐？**

时间过得真快。黑立言、黑立国都已经过了不惑之年。之前我和你们的母亲在新加坡黑立琍的家里，突然之间我提到黑立琍已经37岁了，你们的母亲听到后觉得有点不可思议，甚至叹了口气。想不到你们都已经这么大了，都已经成家立业，都有小孩围在你们身边了。更重要的是，你们都很快乐，也帮助了不少人更快乐。

因为这封信会有很多读者看到，他们当中很多人并不认识我们，所以我就借此将我颇以你们为荣的原因与读者分享。

你们4个人的个性各有不同，各有所长，但都各自闯出了一片天地。作为父母，我们最得意的是，我们没有要求你们都一样，或用同样的规范带大你们。黑立琍曾问黑立国，当年爸妈怎么能忍受你们？

你们的感情真好，好到让我觉得，但愿我和我的兄弟也像你们这么好就好了。我几乎没有听过你们说过另一人的坏话，你们从不嫉妒彼此，还会衷心地欣赏他人的优点。

> **作为父母，我们最得意的是，我们没有要求你们都一样，或用同样的规范带大你们。前一阵子黑立琍还问黑立国，当年爸妈怎么能忍受你们？**

黑立言，很多人都说你像我，连走路的样子都像。你的母亲私下会说你连性格、为人处世都很像我。老实说，你比我更有耐心，尤其对小孩；观察力也比我强。耶鲁大学教育的熏陶可能真的对一个人的思考有帮助。最值得庆幸的是，卡内基培训的讲师与同事都觉得你是一位值得信任的总经理。多年前南山人寿前董事长郭文德先生还说过，卡内基训练不只是个事业而已，不同的人经营会有不同的企业文化。他现今如果知道你的领导风格，一定会很高兴。

黑立国，你自己说过你小时候无疑是一头黑羊，直到今天，采访你的记者还是难以相信你的转变，才30多岁就做到华盛顿大学医院的医务部副主任。但我最高兴的是你告诉我，他们选你的原因是因为你的沟通能力好。当然，你还有很多事可能他们不知道，像你曾冒险高空跳伞、曾到非洲卢旺达义诊、在尼泊尔当医师时差点被叛军留置。还有，你改变了一位柬埔寨女孩的一生，从孤儿院领养了她。这些都是我不曾做到的。就像我所说的，那是种奇异恩典。

黑立琍，你是我们唯一的女儿。不知道为什么，你听过的歌，每首都能唱出来，钢琴也无师自通。你的英文，包括写和说，让你那身为美国人的老公都自叹不如。但这些都不是我认为了不起的，你真正最能让我引以为傲的是，你对他人的关心与谅解。你真的帮助了很多人，你让他们更快乐。

黑立行，你大哥曾跟你说过，你是4人中最聪明的一个。有一次在新加坡我听到你姐夫跟几位广播记者说，咱们家的小孩已经够聪明了，但其他3人加在一起恐怕都还没有黑立行一个人聪明。我很羡慕他们能这么由衷地赞赏你，一点都不会吃惊。每当我看到你下班后做家务、帮小孩洗澡，满怀耐心地对待家人，我真希望说这些都是我的遗传或者是你青出于蓝。如今，你有了自己的事业，你所设计的三合一婴儿车已是知名名牌，希望以后有更多的家庭受惠。

这一生真的要感谢有你们如果没有你们，或少了你们其中的一人，我的生命不只是黑白的，而且还欠缺一大块。我会想到你们都很上进，不仅是能好好地过一生，还会影响其他人。

乐于当你们的天才老爸

黑立行：

我一定要写这封信给你。已经快19年了，我一直没给你写过信。

> 在山顶上，我要你用一句话说出此刻的心情，只能用一句话。你想了一会儿然后说：“我还来不及享受，童年就要过去了。”

以前我总觉得，做父亲的没写过信给儿子，顶多就是没有把他的感受表达出来。但是，那晚我却有个奇怪的想法，那就是，如果我不跟你谈心，等于我是在说谎。那时办公室里只有我一个人。一小时前办公室里都是人，都在谈公事，电话铃响，来回走动……才一下子，就只剩下日光灯和毫无生气的办公桌椅了。虽然是我自己选择留下来的，但还是觉得很孤独。

多年前，有一次只有你我两人去爬山。那天我们的心情都特别好，在山顶上，我要你用一句话说出那会儿的心情，只能用一句话。你想了一会儿然后说："我还来不及享受，童年就要过去了。"听了你的话，我装得好像很轻松的样子，心里却沉重得不得了。我心想，你的童年就要过去了，我在你的童年中扮演了什么角色呢？**我多么希望和你在一起的时间能多一些，我多么希望和你在一起的时候，多做些分享。**

更多年之前，当你还在读幼儿园的时候，有一次我接到园长的电话，她告诉我："黑立行是我们园里的宝，小朋友争着跟他玩，老师（包括别班的老师）都喜欢他，负责清洁的王妈妈每天都会来找他。"我听得出来她的这些话是真诚的，坦白说，我第一次分享到了你的荣耀，心中充满了感恩（得意的心情少之又少）。

一是，我想到你今生将在丰厚的爱中长大，也因而会满怀自信、常有爱心；你比较会关怀他人，对他人产生更大的影响力。二是，你还那么小，还没有比别人多付出了什么，却获得了那么多，这像是一种恩赐。怪不得我感恩的心情会那么浓。

在你读小学五年级的时候，有一次我们全家人一起看《考斯比一家人》电视剧集。记得吗？那是关于一个黑人家庭的连续剧，爸爸是医师，但很会耍宝，家里有4个不同年龄的孩子。经过好几次捧腹大笑之后，考斯比又展现了一段绝活，这时，你站起来，指着电视机说："真的太像爸爸了，真的太像爸爸了。"

现在我可以告诉你，那是我一生中所听到的最好的赞美。很高兴我在子女心目中是像天才老爹那样子的，有弹性，包容力强，大原则还是很坚持的。你不说出来，我还真的不知道呢！

写这封信的当晚，我回家后，会将这封信放在你的床头。隔天我们见面时，可能有会心的微笑，也可能会拥抱在一起。那时，我会默默地说："奇异恩典。"

不是非得当爸爸的乖女儿

黑立琍：

记得有一次你去参加舞会。我故意不睡觉，等到半夜两点。等你进门的时候，你脸上的表情很自在，既没感到内疚，更没想到会受罚。好像觉得这是自己的事，没什么大不了。

那天晚上你很痴迷那个男孩子，两手握在胸前，闭上眼，抬着头说他好帅，一点都不会不好意思。你不担心别人怎么想，甚至不担心老爸怎么想。唉！我不得不说，这是多么了不起的自信。

这种自信是经过很长的时间建立起来的。如果我也是这建立过程的一部分的话，不是也该引以为傲吗？将来，可能是好多年以后，也许有那么一个夜晚，当你独自一人在家听音乐的时候，可能会想想——到底爸爸给了你什么。那时候，我希望你想到的是，**爸爸帮**

助了你“做自己”。

✻

有天晚上你母亲邀请了几位她的高中同学去聚餐，我一个人在家，很想与你谈谈，特别是在信上谈谈。在这封信之前，我们父女俩通信已经是五年前的事了。很多话我不知该怎么和你谈，有时候我觉得自己是在逃避；我怕如果谈的结果不愉快，怎么办？有时候我觉得自己很想假装看不见，或假装看不清楚你现在的模样。更具体地说，我好像感觉到我就要失去你了。

你什么都没有做错，只是我不想看到你一天一天地在长大，我却挡不住。好像无论我再怎么挣扎，你一定都会走上成长的不归路。有时候，我看到你不想做爸妈的乖女儿时，心里真是不能平静，但事后想，这不就是我当年想做而没有做的吗？

我不禁回想自己，有多少次因为在乎别人怎么想而让本应属于自己的机会溜走。常常在开会的时候，我本来有话要说，却因为怕别人说我爱表现，或担心意见不够成熟、别人会笑而忍住不讲。多少次，在吃喜酒的时候，在社交场合，我想多认识几个朋友，想过去与陌生人（包括异性）交谈，都因为担心别人会怎么想而放弃了。

甚至夫妻也一样，很多人其实很爱另一半，但不愿表现出来，因为担心一旦说出来后，他（她）会不够珍惜自己，或以为自己做了什么亏心事。

也许有那么一个夜晚，当你独自一人在家听音乐的时候，可能会想想——到底爸爸给了你什么。那时候，我希望你想到的是，爸爸帮助了你“做自己”。

什么时候我们不在乎别人怎么想，我们就开始有自信了。就像你现在这样，生活愈来愈有意思，愈来愈漂亮，好像在谈恋爱一样，真是神奇。

然而有自信的人不会有神气活现的样子，更不会有傲慢之态。相反的，因为好多人对你赞美不已，你会愈来愈喜欢与别人聊天，人缘也愈来愈好，这都是自信的表现。还有，你发现自己近来很少与人抬杠雄辩了，因为自信心强的人越能从他人的角度来看事物。

自信帮助我们发现自己的优点与长处，还有许多以前弃之不顾的成就，怪不得自信坚强的人遇到陌生的状况常能处理得很好。谈到这里，我真的要说，“不一定要做爸爸的乖女儿，做你自己吧！”

梦想爱，更要梦想生命

黑立言：

儿子，再过几天你就要毕业了。最近我没事就会到百货公司去，希望能找到一样东西，作为你的毕业礼物。

有人认为帮儿子选礼物应该很容易，因为他很清楚儿子喜欢什么。这种说法在孩子还小的时候可能很正确，我会买自行车、滑板送给你，但现在你要大学毕业了，该送给你什么呢？有些东西相当有趣，但不足以表达为人父的心意；很多东西你都不缺。我开始想，要是我自己就要从大学毕业，我最盼望得到的毕业礼物是什么？

于是，答案就出现了——我决定写一封信给你当毕业礼物，希望你喜欢。

当我想到要和你谈的时候，首先，出现在眼前的画面就是你小时候的模样。你最喜欢作文，小学一年级的"提早写作"板块，你有10篇登在墙报上。但你早上经常起不来，总是最后一个走进教室（眼睛还是睡眼惺忪的）——这就是你。这也是我最想和你谈的，也希望你毕业后常常记得，常常提醒自己——要做自己。**人唯有在做自己、是自己的时候才最开心，才会想出最好的点子，才会做出最有价值的事。**

其次是想到你在小学、中学、大学期间，最大的特点，或可以说是我最羡慕的地方，就是你有好多朋友。你不见得比别人更照顾同学，也没有比别人慷慨，但是为什么你有这么多好朋友呢？我想那是因为你很少批评别人、直接指出别人的缺点。很多人以为朋友就该指出他的毛病，这真是大错特错。当那个人离你远去，你还能帮他什么忙，你怎么做他的朋友？你的好人缘是你最有价值的资产，无论在婚姻（很多人忽视了与妻子、小孩也需要建立良好的人际关系）、工作、社团方面都一样。

> 在以后的岁月中，你会发现，很奇怪，当你玩得很开心的时候，有一种内疚的感觉会到来，好像在说，你怎么可以这么开心。你一定要学会拒绝内疚。

第三，在以后的岁月中，你会发现，很奇怪，当你玩得很开心的时候，有一种内疚的感觉会到来，好像在说，你怎么可以这么开心。你一定要学会拒绝内疚（我已经太晚了，你还来得及）。最后，也是我的礼物的核心——**要珍惜生命。人不应当只会梦想爱，还要能梦想生命，特别是永恒的生命。**

孩子你可以勇敢地说“不”

黑立言：

我真为我们俩有这样的亲子关系感到庆幸。那天听了你的话，我一点都不惊讶，只是有点不习惯。

时间过得真快，快到连适应都不需要了。你说，你很不喜欢自己不会拒绝别人。当然，别人让你去杀人放火，你一定会拒绝。但是，忙得不得了的时候，该怎么对人家说“不”呢？也不过才几年，你不但已经长大成人，甚至还可以与我分享心里的问题了，特别是像这种同样困扰了我多年的问题。

有位卡内基训练的讲师曾说过，**我不知道成功的秘诀是什么，但我却知道有一条照着走必定会失败的路，那就是，想要讨好每一个人。**你看，他真的一语道破问题的关键。好多人一生都因不会说

“不”而苦恼。

我多么希望你这一生别人请你抽烟你会拒绝，别人要你干杯你会拒绝，别人要你抄袭他人的智慧财产，特别是老板要你这样做，你也要坚定地说“不”！

交朋友，包括异性朋友，该怎么表明自己不想与他有深交呢？有人来挖你到他公司去工作，你觉得受宠若惊，但不想去，该怎么说呢？

我觉得你相当有福气，因为你有我这样的父亲。我觉得我是最有资格与你谈这问题的父亲，因为这问题已经困扰了我好多年。

我一直很羡慕那些没有心理负担的人，他们拒绝别人的时候，虽然很坚定，但态度相当和蔼。当然，别人可能会不高兴，但或许过一会儿就谅解了，也可能到后来发现这样会更好。我们都需要更多的自信才做得到。

有自信的人不太担心别人会不会以为他不近人情；有自信的人常知道自己该做的事；有自信的人很清楚自己能做多少。

有自信的人很了解自己，诸如自己的价值观、自己的志向、自己的兴趣。同样的，他也尊重别人的价值观、志向、兴趣。最后，也是最重要的，自信坚强的人虽然富有同情心，也愿意帮助人，但他深知

自信坚强的人虽然富有同情心，也愿意帮助人，但他深知不应将别人的问题视为自己的问题。既然是别人的问题，那个人一定有自己解决问题的能力。

不应将别人的问题视为自己的问题。既然是别人的问题，那个人一定有自己解决问题的能力。

你现在感觉如何？经过这次心底的沟通，我觉得我们父子俩此刻比过去更为接近。希望你也有同样的感受。

感谢你的优点是：喜欢自己

写给“喜欢自己”的儿子：

儿子，虽然我们天天在一起，但好像有些话我还是想“写给你”。

还记得那次在你爷爷家，当时客厅只有我们两个人，我起身从15楼的窗口向外观望，你也跟着过来，站在我旁边。我问你，你觉得自己最大的优点是什么，你的回答我永远都不会忘记。你当时想了一会儿说：“我想是，我很喜欢自己。”

能喜欢自己该多好！你每天事情那么多，但每天都会坚持举哑铃、做俯卧撑，想要练就一身结实的好身材，我想那是你“喜欢自己”的生活方式。多少人由于不喜欢自己，或只是对自己没把握而开始抽烟、喝酒，甚至终日沉迷赌博。

我们有时候会遇到人缘很好的人，大家都喜欢和他在一起。这人愈是喜欢自己，就愈会付出，很想帮助别人、关心别人；要是很讨厌自己的话，一定会担心别人会不会接受他的帮忙，或觉得自己不够格帮助他人。

些人并不一定比别人聪明，也不见得特别能干，他们的好人缘与金钱、事业更没有关联，可是和他一起玩就是很开心。相信你也遇到过这种人吧？为什么他们那么受人欢迎呢？其中很重要的原因之一，我想，是这些人常是“喜欢自己”的人。

喜欢自己的人不是自傲的人。一个人对自己相当满意之后，他就不想去模仿别人了。一个喜欢自己的总经理，何必去学别的总经理那样发脾气、摆威风？一个觉得自己做得很好、常保持进步的职员，也不想模仿那些特别自我贬抑的人（结果老板更喜欢他）。更有意思的是，人愈是喜欢自己，就愈会付出，很想帮助别人、关心别人。

我非常喜欢你遇到大人物时的模样，自在、轻松。人无论什么事，包括读书、交朋友、参加活动、谈恋爱，愈轻松自然，表现就愈好。再过几年你就要步入社会。从你小学到大学，我觉得自己最了不起的一点，就是我从来没有催你去做功课，或提醒你该看书了，甚至从来没在早上叫你起床上学。

本来我觉得那是因为你能自动自发，但如今刻意思考一下发现，那可能是因为：**你很有自信。**

儿子，这是你给我的最好的礼物，也可以说是我给你的最佳资产。

未来，由你自己做主

写给要毕业的儿子：

再过几天你就要毕业了，我有好多话想和你谈。一开始，我想先与你谈一件30年前的事。

30年前的一个夜晚，我去参加一个毕业舞会。那时候还没有迪斯科，连扭扭舞都还没流行。大家多半在跳三步、四步，偶尔会有伦巴、吉鲁巴。记得当天有不少男生穿西装，打的领带是细得不得了的那种，但那时候还没有冷气，你能想象吗？一大群人大热天在屋里跳舞，没有冷气，但大家还是很开心。有位同学走上台去，说了几句感性的话，好像说到校园的枫叶几个月之后就要凋落，大家不要忘了回母校探望恩师……以后我们就要各奔前程，祝大家前途光明。

当时，不知哪里来的念头，我突然出神地思考起这些同学10年后会是什么模样。我开始留意观察好几位同学，想象他们10年后的样子：他们的衣着、他们的头发、他们的面容，接着也联想到他们的工作、事业。有多少人那时已经结婚了？他们10年后的日子过得快乐吗？

10年后，虽然一定有人曾回校园看枫叶，但我却没有追踪那些人的状况，因为：**我们要成为什么样子，我们就会成为那个样子；我们想成为什么样的人，我们就会成为那样的人。**

卡内基要我们多注意自己的思想，因为**思想能决定我们的心情、生活。**我们常想积极、正向的事，就会变得积极进取，常想开心的事，或颇为自豪的事，我们就会成为快乐、自信的人。我们常认为将来的婚姻会很幸福，机会来临的时候，不但不会逃避，而且会满怀自信地抓住它。工作、事业也一样，我们是自己的主人，我们的未来（有相当的程度）是由我们自己做主。

我们要成为什么样子，我们就会成为那个样子；我们想成为什么样的人，我们就会成为那样的人。

你就要毕业了。在那么多的祝福声中，我由衷希望你也能思考一下这个理念。就把它当成我送你的毕业礼物吧！

感恩有你这么好的儿子

黑立言：

“我怎么会有这么好的儿子”，这句话我绝对不会跟别人说，除了你以外。想到你读书时的某天早上8点，你就要回耶鲁大学的时候，我们父子俩又拥抱在一起了。我断断续续地说：这几天在一起的时光真好，特别是我们坐在地毯上的那种分享，常常谈到半夜两点，对不对？上次我们到耶鲁来看你，是你母亲与我的心愿，但我想你也一定很希望我们能来，完成我们长久以来的愿望。

黑立言，耶鲁的校园真美，正如你那年10月告诉我们的，整个校园像幅画一样。树叶有的黄得发光，阳光透射下来，更是闪眼，有些树叶红得我从来没见过，真是红似火。在这秋末初冬的时候，这些树木展现了它们的生命力，提醒人不要失望。

我们一起在校园散步，欣赏城堡式的石砌中古校舍，一直走到高尔夫球场。在那里看着松鼠和小鹿跑来跑去，我们开始谈到一个人的志趣、价值观、女朋友，还有对未来的展望。你说你要改变进哈佛继续念博士的决定，准备回家乡参加卡内基训练的工作。当时，你母亲和我真是百感交集。我们都好像很有默契一样，没有多谈回来工作的细节，或那些技术的事项。那么美的环境，那么美的气氛，那么美的心灵交流，谈多了就没那么美了，对不对？

在这么虔诚、静默的氛围里，不知道你与你母亲点烛的时候在想什么，我想告诉你的是，我那时候全在感恩。

能知道自己真正想做什么，多好！

你难得能那么尊重与自己不同的人。我们都会尊重我们所喜欢的人，而你却能积极地聆听年幼者说话，像你的弟弟、妹妹，而且平常你很少在背后谈论或批评他人。想想有多少人能做到这点，包括你父母在内。

其实，**尊重与包容他人，也能使自己更清楚什么才是最重要的，并且确定自己要什么。**在校园的圣道明教堂里，我们走到圣坛前点燃了3支蜡烛。在这么虔诚、静默的氛围里，不知道你与你母亲点烛的时候在想什么，我想告诉你的是，我那时候全在感恩。我有那么多的理由需要感谢。

希望好多年以后，耶鲁将以你为荣。

别让拖延限制了你的发展

黑立言：

好多年以前，我到美国去看你。那时你将要从耶鲁研究所毕业，显得很兴奋。那天，我与你母亲提早到了，你觉得有点尴尬，因为你的房间又脏又乱。你本想下午整理的，可是我们中午就到了。

从“直到最后一分钟才整理房间”这件事，我笑着问你，是不是拖延的毛病还没改。接着，你告诉了我教授说的一句话：“爱拖延的人可能比较聪明，因为他知道他最后一刻能做好。”

无论这句话多可爱，我还是不太能理解为什么有人这么喜欢拖延，或者说，为什么拖延这个毛病这么难改。坦白说，我自己也有这毛病。

想想拖延所带来的焦虑，有这么多负面的结果，但还是要一拖再拖。拖到最后一天才赶写报告、看合约、写文章。

高阳先生的清朝历史小说人人爱看，但很少人知道他常到最后一分钟才交稿。由于他的小说是每天在报纸上连载刊出，据说有时他的稿子会直接送到校对室。他在信封内会夹一点钱，给留下来加班校对的朋友吃宵夜。

拖延真正最可怕的还是，**为自己当下不采取行动找借口。**

年轻的时候我们都想，等小孩长大以后一定要到欧洲好好玩一趟；等这几年忙过了以后一定要开始运动减肥；再过几年我一定要去学绘画，因为从小就很喜欢画画，等以后再圆这个梦。

有的人一直很想再进修，有的人很喜欢演讲，有的人很乐意做公益活动，但他们都希望以后再做。后来，就一直拖下去了。

多少人想向老板表达谢意，但已经想了好几年。多少人想告诉另一半对方是多么重要，但结婚20年来却从未说过。多少人想向某一位同事说几句心里的话，但几年来一直告诉自己：以后再说。他们都在拖延，他们都没有“起而行”。

有的人一直很想再进修，有的人很喜欢演讲，有的人很乐意做公益活动，但他们都希望以后再做。后来，就一直拖下去了。

我们都忘记了自己现在就可以采取行动，就像常常在地上走路的小鸟一样，真可惜它忘记了自己会飞翔。现在做了，以后还可以再做。想赞美妻子，现在就可以说给她听，这样以后会更想赞美，赞美得更多。

拖延会限制一个人的发展，像是后院的围墙，将小鸟关在里面叫嚷。现在采取行动，就是展开翅膀、飞越围墙。

拖延的最大坏处还不只是耽误，而是会让自己变得犹豫，甚至丧失信心。不管什么事情，决定了就立刻去做。真正开始行动，任务就已经是完成了一大半。

相信你可以自己处理问题

写给自己处理问题的儿子：

那天下午和你在长途电话中谈过话之后，我把办公室门关起来，熄掉灯光，将脚翘在桌子上。一面好好回想一下刚才你讲的话，另外，我也要好好享受一下心中那种“为什么我的运气那么好”的感觉。

“爸爸，很抱歉我没有等到晚上11点再打电话，”你故意装作很轻松，紧接着你的声调变了，“因为我跟女朋友已经决定分手了。”我没有问你原因，当然更没有劝阻你，因为这是“你”的事。

对很多父母而言，这是最困难的一点——他们总把小孩的事当成自己的事。一般而言，我们比较敬佩为子女奉献一切的父母：我的一个好朋友夫妻俩还轮流陪小孩做功课，小孩多晚睡，他们就多晚睡。星期六晚上有的父母会等门；小孩一放下电话，他们立刻问是谁打来的。还有就是，告诉小孩他交往的对象不好。

可是，孩子应该什么时候开始练习要求自己呢？例如，上学不要迟到。什么时候开始练习自己做判断呢？特别是父母不在身边的时候，就像你现在一样。

直到多年后，当我自己也有了4个小孩，当我的小孩也都长大成人之后，我才发现做一个不辛苦、不操心的父亲，比做一个劳累奉献的父亲要困难得多。

思考、判断、做决定都需要练习，而且是要经过多次、长期的练习才会具备的能力。很多父母却一直在替小孩思考、判断、做决定，还假设他们一进入社会就自然会有这些能力。

在你祖父80岁生日的宴会上，我曾向所有来宾说，直到多年后，当我自己也有了4个小孩，当我的小孩也都长大成人之后，我才发现做一个不辛苦、不操心的父亲，比做一个劳累奉献的父亲要困难得多。那时候，我发现你的祖父、祖母都在会意地微笑。

有时，当我看到你跟年幼的弟妹说话口气那么尊重，当我看到你在主持同学会时充满自信的神态，我内心也会有那种微笑。

就像现在，我也没有问你会不会寂寞孤单，因为我知道你已经具备自己处理问题的能力了。

学会给予他人重要感

黑立琍：

那天接到你的电话，真是高兴。每次我打电话回家请你帮我找数据，没过几天你就有回应了；我拖延的毛病，你一点都没有遗传到。

每次我托你帮我办的事，无论是买书、买牙洁具，你都会把它当成重要任务，立即去办，有时候还会发现新东西，连它们一起买了。说真的，**每次的经历都会让我觉得自己很重要。**

虽然你是我女儿，但我常觉得我们有朋友的那种情谊。你说是吗?

那天你说，在找东西的时候，发现资料袋里我保存了很多别人写给我的信，有的20多年了，有的30多年了。你说，因为那时候自己还没出生，所以看的时候有种奇妙的感觉。的确，亲眼看到自己出生前他人写下的笔迹，触摸发黄的信纸，的确会引发很多联想。

你说，想不到以前有那么多人赞赏我、嘉勉我。我觉得很高兴。

那些慷慨的赞美对我是种肯定，也是种激励，也因而我把那些信留到现在。听你那欢喜、真诚的口吻，让我觉得这些信更加宝贵——因为它们能够让我的好女儿分享到这份成功的喜悦，也使她更成熟、更热爱生命。

好像是歌德说的，“能分担他人忧苦的是人，能分享他人成就的是神”。这句话似乎刻薄了些，但也很接近事实。要是有人告诉我，他的父亲得了重病，他很难过，我也会很难过。但要是有人混得不错，大发横财或平步青云，最好不要来跟我讲；或是，他不找我的话，我绝不找他。

做个能分享他人快乐、成就的人，多好！

有些人能分享亲人的成就，而朋友或同事的成就就难以“普天同庆”。因此，当我听到你仰慕的声音时，也希望有朝一日你能将范围扩大，真心发掘其他人的优点，并且告诉他你是多么欣赏这些优点。就像这次一样，你看到那些赞美我的信，好高兴，立刻打电话告诉我，对朋友、同事也要如此。

人的一生都在追求重要感，为了能获得重要感，有的人要念好多年的书拿博士，有的人要赚钱再赚钱，有的人要服务，做公益活动。像尼采说的，人总会找到办法获得重要感。

✻

卡内基认为，人的一生需要觉得自己很重要。人的一生都在追求重要感，为了能获得重要感，有的人要读好多年的书拿博士，有的人要赚钱再赚钱（或捐钱再捐钱），有的人要开名车、戴名表，有的人要服务，做公益活动。像尼采说的，人总会找到办法获得重要感。

如果我告诉你，你已经拥有给予他人重要感的本事了（多么值得庆幸的本事），你一定很开心。你的这通电话让老爸觉得自己很重要，与你交往的人们也一定有这种感觉，你真的很有福气。

孩子，我还有好多事要向你学习

黑立行：

你又要回斯坦福大学去了，你我都有一种说不出来的感觉。

前几天我在机场为你送行的时候，你望着停机坪喃喃自语："现在应该是难过的时候才对。"我可以了解你当时的心情，又要与家人分开了。学校开学后，又一次要与陌生人住在一间宿舍里，上新的课程，与新同学交往。但我现在要告诉你的是，**你不一定非要难过不可，更不应该觉得别人在道别时都会难过，你就该难过。**

想想，你马上就要进入那么美的校园（这是我一生的梦想），认识那么多新的朋友，真应该觉得兴奋才对。

我到斯坦福去看你时，就对那所大学很着迷。我们俩一起在校园的教室里祈祷，阳光从彩色玻璃照进来，好像将不同的时段串联成一整体，感觉像是接近永恒。你和我之间的距离也从来没有比那一刹那更接近。你看，当两个人在想同一样事情的时候，这种感觉最为明显。

我没有问你在祈祷中想的是什么，但我想人在那样的气氛中，尤其是父子二人，一定会想到恩典、感谢、惜福。今天，有多少大学有青青草地？有多少大学有庄严肃穆的教堂，让人徘徊，让人静思？现在你一定比较能了解，为什么我是那么羡慕你的校园生活了。

有人说，人在年轻的时候应该多交些朋友，因为年长后就没有能力再交朋友了，你以后也会有同样的感受。进入社会后要忙着工作，紧张与压力日增，接着还要组织家庭，忙小孩的事。我不是说这有什么不对，但我真的认为现在是你交朋友的黄金时期，以后也不会再有了。

我没有问你在祈祷中想的是什么，但我想人在那样的气氛中，尤其是父子二人，一定会想到恩典、感谢、惜福。

如此看来，你真的应该高兴才对。明天，你要面对的是优美的环境，会拥有很多启迪人心的灵感，交到新的朋友，当然，也会面临新的挑战。

你说，想不到一个暑假这么快就过去了，但愿能多一点时间跟我在一起。你知道吗？听到这句话，真的让我很得意。有些话可能我不好意思向别人说，但我希望你能知道，我以你为荣。

你说，从我身上学到很多，也希望将来和我一样。但我更希望你

能知道，我也从你身上学到一些事，例如不要那么计较过去（这点年轻人都比较有办法）、祝福那些不再交往的朋友等。天知道我是多么需要这些本事。

希望有愈来愈多的父母能跟自己的孩子多学习。一旦开始，他们会发现自己真有福气。

愿你一生能做自己情绪的主人

写给能管理情绪的儿子：

每个父母早晚都会觉得孩子长大成人了。这无关孩子已长多高，或者几岁了，而是从亲子关系的互动中，产生了这种领悟。

那是一次似乎微不足道的开车经历，但从那次经历中，我清楚觉得你已经长大。哦，不对，应该说是你已经会管理自己的情绪。因为很多人年龄已经很大，其实并不成熟。

那天我们父子俩从海边开车回来，在经过一段窄路时，突然有一辆车从我们右后方超越到前面。你立即按了一下喇叭，他也立即对你竖起了中指（他开的是辆敞篷车）。很快到了十字路口，就在路灯变黄的时候，他呼啸而过，并且在确定你已经停下来后，狠狠地向我们做了几下大手势。

坐在副驾驶的我一句话都没说，只用眼睛余光看看你。你停了几秒钟之后，用十分平静的声音，几乎像是自言自语、慢慢地说：“我故意不追上去，让他走掉，因为我还在气头上……”你知道吗？在那一刹那，我真的以你为荣。当时我在想，但愿我也能经常像你这样——做自己的主人。也希望你未来一生当中能常常做自己情绪的主人。

好比刚才，如果你选择追上去，厮杀一番，可能是一场车祸，也可能两个人打得头破血流。那么，你就是做了情绪的奴隶。选择仇恨、暴力、敌对、疑惧、愤怒的人，真的很不划算，因为这些情绪可以决定你今天能睡几个小时，或是让你根本睡不着；这些情绪可以决定你今天吃得下多少东西，甚至决定你今天的工作绩效，决定你与家人在一起快不快乐。最惨的是，有人每隔几天，甚至天天都要做这样的选择。

另一些人却不一样。像你那天开车时的反应，你选择的是自制、祥和、温馨、包容、原谅。我曾多次转过头去看你的表情，你很快就恢复平静，开始跟我谈一些学校里的事了。坦白说，我当时没有在听，因为我在想，**你未来的一生虽不敢说一定多姿多彩，但你的确已掌握了成功与快乐的关键，那是工作、婚姻、交友都不可或缺**

的——做自己情绪的主人。

有个故事说，一名武士去请教长老有关地狱与天堂的道理。那位长老表示他很忙，没时间跟他这样粗俗的人讲话。武士一听立即拔出刀，想把这无礼的老头杀掉。此时长老就跟他说："这就是地狱。"武士听了觉得自己真的太冲动、太失礼了，于是把刀插回，并且道歉。"你看，这就是天堂。"长老说。

如果你选择追上去，厮杀一番，可能是一场车祸，也可能两个人打得头破血流。那么，你就是做了情绪的奴隶。选择仇恨、暴力、敌对、疑惧、愤怒的人，真的很不划算。

当我们与他人相处时，如果经常心怀猜忌、愤怒、报复，我们就是在选择地狱。当我们选择包容、原谅、了解、宽恕、关怀，我们就是在选择天堂。

你看，地狱与天堂都只是一种选择，最妙的是，我们有百分之百的选择权，而你选择了天堂。

懂得尊重他人与自己的不同

黑立国：

刚才候机楼广播宣布，飞机因为浓雾要延迟1小时起飞，我可以听到大家抱怨的声音。可是刹那间，我却听到自己心里在说："正好可以利用这时机跟想念的人谈谈心。"而我立刻想到了你。

不久前你问我，怎么会有那么多东西写？怎么会有那么多时间写？我的时间跟大家的一样多，每天1440分钟。有人说，我们的时间永远不够用，但能有的时间我们都有了。

我也常常耗在电视机前面，什么事都没做。事后常会想，大家都会说时间就是金钱，但生活中最言行不一致的就是这一点。看电视时，好像时间都不值钱。然而，每次像此刻一样，能善用一段时间（等同于一笔钱），特别是用来和家人谈心，就会觉得颇有成就感。

> 想到你说过的一句话，你告诉我们，你跟新认识的女朋友说：“将来要是也跟爸妈一样就好了。”这句话好好思索一下，真的很有意思。

要是能经常如此该多好。

就以现在来说，这么多的人在批评、抱怨、责备，他们对航空公司不满、对机场不满，焦虑转机可能有问题，焦虑接机的亲友会久等……我非常能理解他们的心情。只是，我多么希望他们能体认“**何不将注意力、精力集中在你可以主控的事情上**”，像写封信（天知道我们已经多久没有跟心爱的人写信了），看看书（随身带本书），整理未来一周的日程，把重要的事按优先级写在一张卡片上。

你看，雾是我们无法控制的，机场、航空公司的人也只不过是按规定行事而已，但瞬间他们变成了我们的敌人。我们的批评、抱怨、责备无法驱散浓雾，而且再愤怒下去会带来高血压、心脏病。

如果我们先接受这一事实，心情很快就平静下来，这时候才有能力好好思考一下，要不要转搭另一班飞机到底有多严重，还要让亲友等多久？与其采取消极、负面的态度，不如把自己变得积极、正面一点，做些我们能做的事，特别是做有意思、有价值的事，那就更好了。

这就是我现在的心情。

✻

我还想到了很多有意思的事。想到你说过的一句话，你告诉我们，你跟新认识的女朋友说：“将来要是也跟爸妈一样就好了。”这句话好好思索一下，真的很有意思。**我知道你指的不是我们的财富、地位，不是我们的生活方式或工作，更不是我们的容貌或身体，甚至不是我们的才能。我猜想你指的是我们的生命力与目标。**

小时候你那么爱玩、爱闹，因而受到的责备比较多。你的功课没有哥哥、妹妹那么好，但你一点都不觉得有什么不舒服，成天跟他们玩得很开心。开心到什么程度呢？开心到他们在你面前一点优越感都没有。这点是我最常引以为豪的。

有时，我看到某些父母特别喜欢功课好的小孩，我真的觉得很惋惜，**孩子与你之间是一种生命的关系，不该因为任何事而有所差异。**而今，你医学院都快毕业了，我们没给你压力，你自己不觉得苦，而且比以前更快乐，与兄妹的感情也更好。我们让你按自己的模式长大，按自己的节奏发展。如果这是你佩服我们的地方，我们当然欣然接受。

你看，造物主最了不起的地方，就是创造了各种不同的人，不只肤色、头发、高矮不同，每个人的个性、想法和才能也都不同。他接受这些不同之处，而且还予以尊重，尊重到宁愿任其犯错（或犯罪）。

这些年来，我也一直努力做到这点。坦白说，要想尊重他人与我的不同，的确不是一件容易的事。亲人之间更难，多少抗争、破裂，就是因为我们一味要求他人跟我们一样。我知道我不可能完全做到，甚至不可能经常做到。真能那样，我就跟造物主一样完美了。但**如果尊重他人是那么宝贵、那么崇高的一种德行，是连造物主都那么重视的德行，那么我只要一天比一天做得更好，不就愈来愈接近造物主了吗？**

雾已渐渐散去，大地也不再那么朦胧，一切都变得比刚才鲜明，形态也愈为具体。我刚度过了宝贵的一段时光，等一下就要与其他旅客一起上飞机，他们会发现我眼睛睁得大大的在笑，好像刚拥抱过什么一样。

感谢你没有失去被感动的能力

写给15岁就确立志向的你：

人与人之间心灵交会时是那么奇妙。此刻我一边写，心中一边默祷，但愿你有时间、有好环境慢慢看我这封信，我有太多话想和你谈。

你才15岁，可是想法却那么成熟，你有理想，但也非常踏实；你很想找到自己的方向、目标，也很慷慨地为他人着想。

你说你是多么企盼温馨的交谈，特别是父亲与孩子的分享；你也怀疑这世界是否不公平，因为贫困家庭中，打骂怒吼的机会总是比较多。

记得《潮浪王子》(*The Prince of Tides*)这部电影，男主角一开始就说，**他很好奇那些平安无事的家庭日子是怎么过的，不知道人在**

没有重大事故发生的童年长大，会是什么样子。当时我就在想，真有这么平顺的家庭吗？但愿有，只是我们很少会遇到。

你说你将来的第一志愿是希望能帮助别人建立自信，培养沟通的能力，你甚至认为这样比成为医师、律师、工程师还有意义。这些是教育家们想改革但还没有完成的，你15岁就有这样的志向，恭喜你。

> 我15岁的时候没有你这么开朗、这么积极，我那时根本不敢分享自己的感受，也不知道未来要做什么。我特别高兴你说，自己没有失去被感动的能力。

我有两个朋友，家庭状况颇为相似，兄弟姐妹很多，父亲是非常凶的，父母亲感情不好。现今这两人都结婚了，小孩也已长大，不同的是，其中一人沿袭了父亲的习惯，常大声骂人，另一人却成为我们很多朋友都交口称赞的好父亲。

每当我们看到他跟小孩谈话的样子，把小孩当大人一样，虽然我们口头不会说，但心里常会想，但愿我也能像他这样与小孩相处（我就是其中之一）。

你看，**很多事由我们开始，不是更开心，更有满足感吗？尤其是对别人影响深远的事，像关心、尊重、了解。**我相信你就是这样的人。

我15岁的时候没有你这么开朗、这么积极。我那时根本不敢分享自己的感受，也不知道未来要做什么。我特别高兴你说，自己没有失去被感动的能力。我要告诉你，这是最宝贵的能力，你未来的成长、对他人的影响都有赖于这种能力，希望你能长久保持下去。

情感财富要存得多才会幸福

黑立琍：

女儿，这是我十多年前，在你快结婚时写的一封信，如今重读还是觉得很有意思。现在，你已经有3个孩子了，要不要再看一遍？

※

你觉得婚姻的特点是什么？是爱情？养育子女？家庭生活？还是很多人都必定会走上的路？我更喜欢的是，王尔德在某一剧本中的诠释——婚姻是一种承诺。

几个星期前，我问你母亲我们该送什么当作结婚礼物。她想了想也不知该送你什么。就在几个小时之前，在10000多米的高空，我想到一样礼物——写一封信给你。

这是我所能给你的最好的结婚礼物。

你看过《屋顶上的小提琴手》(*Fiddler on the Roof*) 吗？那位男主角送女儿远行，开始感叹怎么女儿都已经这么大了。日出、日落，季节一个跟着一个过去，他不记得自己也在逐渐变老。

你相信吗，黑立琍，即将送女儿走上人生另一段路程的我，一点也不觉得自己年老。29年前，在新生南路圣家堂里，牵着我的手走向祭台前的是你母亲。再过几天，我的女儿也要在圣乐中开始人生的另一个阶段了，因而让我想到，人生本来就是分成好多个阶段，你我都即将开启新阶段的生活。只不过你可能比我兴奋多了。

你觉得婚姻的特点是什么？是爱情？养育子女？家庭生活？还是很多人都必定会走上的路？我更喜欢的是，王尔德在某一剧本中的诠释——**婚姻是一种承诺。**

每对新人在婚礼中都向对方作了一项承诺，那是人生最重要的一次承诺。我常想，要是婚礼能宁静一些，让新人多想想这承诺该多好。人在其他的日子，像乔迁、毕业、生日都不会请那么多亲友来。我们之所以邀请那么多人来参加结婚典礼，是因为要让他们都能为我们的这项承诺见证。以后，当你们俩开心的时候，你们会想到彼此曾分享诺言；遇到挫折时（你们必定会有），想到这承诺，一定有助于你们相互支持、激励，因为这是你们认真的、全心全意的诺言。

我这一生只有一次牵女儿的手走向圣坛的机会，我会尽可能走得慢一点，将所有亲友的眼神与祝福都拉拢过来，交给你与那位幸运的

新郎。我要在家堂祭台前热心为你们俩祈祷，祈求上天宠佑，让你们好好开创新生活。有人将婚姻视为支票户头，只顾支出、花用，最终会被用光，甚至成为绝交户。有人将婚姻视为存款户头，他们会不断投资、生息，以度过美满的人生。你小时候就很喜欢存钱，以后在婚姻生活中会存得更多，也因而更为富有。想到这里，我真的觉得欣慰多了。

表达关心，多赞美

黑立行：

（谢谢你给我的卡片，这张卡片真的对我很有意义。这一年家里只有你一个人，希望你好好照顾自己。）

这是你回家时留给姐姐的一张便条，我看到后急忙转身到墙旁边去，因为我哭了。不知为什么，我感动得无法自已。直到现在，我在机场候机楼里写这封信给你，眼眶还是湿湿的。

那天，我们父子俩一大早就忙着装行李。自行车、计算机、网球拍、书册、女朋友的照片，装了一车。当然，你一定也将美丽的童年一起装上车了。发动车子前，我小声地说："我们做个简短的祈祷吧！"你立即低下头，闭上眼睛，当时我就颇有所感。回想以前我们住在新店花园新城的时候，每天早上你坐我的车子下山，那时你才6岁。在弯弯曲曲的山路上，我也会问你，要不要祈祷一下，然后我就会从眼角余光中看到你两只小手捧在一起，静默几分钟。现在你都已经读大学了。

我不知你姐姐给你的卡片说了什么，我感受良多的是，你们4个小孩之间的手足情谊；还有，**你们都很愿意表达出来。**我们这一代的人，不知道为什么，兄弟姐妹之间的感情好像没有那么容易表达。可能是因为生于战乱，历经贫穷，过多的奋斗求生的意志、过多的竞争压力，使我们在长大的过程中，没有投入足够的时间、精力在手足之谊上。真是可惜。

其实，**这种关怀、祝福的心情单放在心里还不够，需要表达出来。**有些人觉得只要有这个心意就好了；有些人相当有把握“自己不说对方也该知道”；有些人就是无力表达，因为觉得太肉麻；有人甚至觉得那会有点虚伪或作态。你们没有这样想，真的好有福气。

为什么有些人有很好的工作，有妻子、小孩，却显得好孤独。他们什么错事都没做，只是该做得更积极而已。

向妻子、丈夫、父母、子女表达自己关心的人，真的很有福气。其他像感谢、肯定、赏识、赞美也都是一种习惯，也可以说是一种正向的态度。养成了习惯就会一直做下去，而且还会延展到同事、朋友身上。这样的生活多有意思！

这几天我常在想，为什么有些人有很好的工作，有妻子、小孩，却显得好孤独。他们什么错事都没做，只是应该把这些做得更积极。告诉对方很想念他，告诉对方你很珍惜这段共处的时光，告诉他你多么以他为荣，就像你姐姐写给你的贺卡一样。我真的以你们为荣。

几年后，你们就要进入社会，结婚生子。相信我的这种感受将与日俱增。

愿意分享他人的成功与喜悦

写给有困惑的你：

孩子，我想告诉你，我觉得那个晚上很珍贵。

你问我人最难处理的情绪是什么。我本来想说那是因人而异的，但不知为什么我改口说："你已经有答案了，为什么还要问我呢？"

"你这样说，好像知道我最头痛的情绪是什么。"你说话的时候有点无奈，也有点感伤。

"至少我知道最困扰我的情绪是什么。"我也变得有点严肃了。

承认自己的毛病（我不是指那些无关紧要的），已经不容易了，能像我们这样诚挚地分享，除了有遇到知己的感觉外，那天晚上我真觉得自己成长了。

你告诉我，这两年来你的一个要好的同学交易房产赚了很多钱，他在一家外商公司担任经理，之后被派到新泽西州公司的总部工作，半年后回来就要负责本地公司的业务，真是好上加好。但你不知道为什么越来越讨厌他，看到他就不舒服，有时候坦白讲还希望他倒个霉。其实我们都多少会有类似的反应。

小学、中学、大学都在养成我们跟别人竞争的心态。当然，父母可以给功课好的孩子买自行车，但不能让功课不好的孩子觉得，只有功课好才能得到父母的爱。

父母在我们很小的时候就让我们感觉到，他们更爱功课好的孩子。老师爱拿我们跟别的同学比：他能考90分，你为什么不能？好像我们的价值是比出来的，个人本身没有价值。小学、中学、大学都在养成我们跟别人竞争的心态。当然，父母可以给功课好的孩子买自行车，但不能让功课不好的孩子觉得，只有功课好才能得到父母的爱。

以前的事已经过去了，谁也不要怪。以后的事我们可以选择，决定自己要不要分享他人的成功与喜悦，只因刻薄、愤恨是那般难受。

歌德曾说过：“**能分担他人忧苦的是人，能分享他人成就的是神。**”如此说来，这是人的老问题了。

选择做想做的事不需要理由

黑立国：

星期五我们全家到机场给你送行。从大家的表情可以看得出来，这个暑假我们一家人在一起，觉得很开心、很畅快。感觉上，我们好像已经很久没有这样了。

在回台北的路上，我问你的哥哥、妹妹和弟弟一个问题："黑立国为什么要在台大前面的地下通道里吹萨克斯？"

等一下我再把他们的回答告诉你。因为你到阴暗、闷热的地下通道去吹乐器这件事，这几天一直萦绕在我的脑海。

我爱想象你吹奏I Did It My Way，Dying Young时的神态，想象低沉、浪漫的萨克斯音韵在过路的人身上造成了什么回响。

有的人，不知是什么人，会丢下10元、5元（我知道没有人丢100

元，因为一共只有95元）；

有的人可能是基于同情；

有的年轻人可能很佩服你的勇气。

浪漫一点的人可能在想，这个流浪汉下一站会是哪里呢？当然，大多数人还是会匆匆地走过你身旁，不然的话，你的萨克斯盒子里不会只有95元。

那些头也不回地从你身旁走过的人，他们在想什么？我不知道。你也不知道。最有意思的是，可能他们也不知道自己一面走一面在想什么。他们是那么急、那么忙，赶快走过这段地下通道，赶快上车。到了目的地后，可能还需要弄清楚是来干什么的。他们大多数很冷漠，顶多用余光瞄你一眼。即使很好奇，也不敢在你面前停下来；即使想听，也还是要继续走。他们觉得自己有义务表现冷漠。

你没有想自己是黑幼龙的儿子，或可以不可以在地下通道吹奏乐器。你根本不管他们怎么想。

更有意思的是，我很好奇地想象，要是他们知道你是黑幼龙的儿子，会指手画脚说些什么。而我却不需要问你这个问题；你没有想自己是黑幼龙的儿子，或可以不可以在地下通道吹奏乐器。你根本不管他们怎么想。

你猜你的哥哥、妹妹和弟弟认为你在地下通道吹奏乐器的理由是什么？“他想尝试自己没有做过的事。”“若非如此，他到哪里才能找到在人群前面吹奏的机会？”“他不认为自己需要一个理由才能做这件事。”

听了他们的话之后，我觉得很满足。**你已长大成人，可以选择自己想做的事，有时候不一定需要理由。**

追求快乐，全力以赴

黑立琍：

真的很难想象你即将长大。

最近我常担忧，不知道你能不能适应新环境，不知道你喜不喜欢新交到的朋友，不知道你开不开心。

今天台北下着大雨，我撑着雨伞，沿着关渡的小路漫步。摩托车、汽车一辆辆从我身边闪过，留下的是消不去的黑烟。我一个人漫无目的地徘徊，突然间，在一位大学生的摩托车越过我之后，我想到我该担心的其实是我自己。

过去一段时间，我都理所当然地担忧你太年轻。其实，或许是因为我已年老，所以才会如此。我该学习调适自己，接受老年的生活，接受空巢期才对。

> 过去我常担忧你交的朋友不好，那些人会不会把你带坏了，其实我该担忧的是，自己很久没交新朋友了。

过去我常担忧你交的朋友不好，那些人会不会把你带坏了，其实我该担忧的是，自己很久没交新朋友了。想到你那么喜欢迪斯科，我就很烦，特别是想到酒吧的乱象。我更该想想自己已经多久没有享受“搅和”的乐趣了，无论是打牌、摆龙门阵、喝酒。以往那些乐趣到哪里去了？那些老朋友呢？

我不喜欢你的衣服，因为太花哨了。我为什么不想想，我已经有很多年对新衣服不感兴趣了，甚至连搭配都觉得没什么意思了。

想想多年来，我已习惯于“不要做什么事”的思考、行为模式，现在该是改变的时机了。**有人说，人到了老年很少后悔自己做过些什么事，他们后悔的多半是没做过的事。**

如果再次年轻，他一定要买些画笔、画布，画些唯有自己才看得懂的画；买一台有长距离镜头的照相机，到忠孝东路去拍摄一些人物特写，放大几张挂在办公室，让别人去猜是哪一位摄影大师拍的；到爵士乐的酒吧去泡到深夜，看得意与失落的模样；去发现一些自己不能改变的事。

我们要找到自己最想要的，然后全力以赴。

辑三

父母们，我想你们应该知道

你有没有想过，这个世界上最微妙的事，就是人参与了生命的创造。无论你信的是什么宗教，造物主创造的天地万物中，人是最特别的、最像他的、最接近他的。这项奇妙的工程，上苍选择了人与他配合，一起、继续，恒久地创造生命。

我已经80岁了。我也为这个世界留下了一些痕迹：我的4个孩子，他们的伴侣，还有11个孙子孙女。

几年前，在一个高级领导训练班上，我请每一位同学都想出一件最有成就感的事，想到了后，再去与另一位同学分享。

有一位女士听了对方的分享后回到自己的座位时，竟激动得流泪。我请她向全班同学说明为什么她那么感动。原来是因为那位男同学和她说，他最有成就感的事是他最近有了孩子，抱着这个小宝宝，看着他的五官，他感叹生命是那么奇妙。他竟参与了创造生命的伟大工程。

想想也真是。**两个不同的生命结合后，产生了一个新的生命。这个新生命带有些父母的特质，但又是另一个全新的人。**他现在是那么无助，需要完全依靠父母才能生存下去，但又是一个独立的生命体，而且愈来愈自主自立。

不知道这位男同学有没有继续思索这个小宝宝后来会说话、会走路的样子。

或许那时的父亲会忙着工作，回家已经很累了，很少留意孩子。等到孩子进学校读书、考试，烦恼就跟着来了，那时候，可能更没有心思欣赏这新生命的奇妙了。再过没多久，他可能叛逆，可能面临升学的问题。再过几年，他就会“离家出走”，父母又回到了原来两人在一起的样子，只是人事全非。

就像花园的园丁一样，先要播种，花苗长出来了，**父母要浇水、施肥，但不要忘了，园丁是要照顾这朵花，帮助它长成应有的样子。**它可能是玫瑰，可能是康乃馨，或大丽花，更复杂的是还有千变万化的颜色，好园丁会一边浇水、一边欣赏，然后说：真美。

人比花还要多样化千万倍，而且每一个人都不一样。每一个人的容貌、身高、兴趣、个性、专长都不一样，发展的速度、幅度和转折点也都不一样，而且成年以后还在继续发展。做一位好父 / 母亲，远比做一位园丁难得多。

你看过《大河恋》（*A River Runs Through It*）这部电影吗？一个典型的好家庭，两个男孩却从小就不一样。老大循规蹈矩，结婚生子，后来成为教授。老二从小就叛逆，惹是生非，长大后酒色财气样样来，最后与人打架致死。

同一个家庭，同样的父母，接受的是同样的教育方式，进同样的学校读书，周围是同样的邻居相伴，生活在同样的农村小镇，同样有一条河穿越它……两个孩子从小到大都完全不一样。人有限的智慧真的很难了解无限的造化。

做父母真不容易！

这故事最感人的部分是，虽然小儿子是这般模样，酒色财气样样来，身为牧师的爸爸还是很爱他。他在最后一次讲道时，发现自己虽然不了解某一个人，但还是可以很爱他。大儿子（这本书的作者）坐在前排，他知道父亲指的是弟弟。

能有这样胸襟的父母真了不起。他可以欣赏、分享另一个生命的诞生与成长，支持他，陪伴他，然后在宇宙亿万光年的进化过程中，留下一丝痕迹，就像河水流过岩石一样。

考取名校不是唯一的成功

能不能考进一流的大学，可能是孩子最大的压力来源，但好像这个问题带给父母更大的压力。

如同好多年以前，我曾经发誓，再也不问女孩子什么时候要结婚，因为这是一个最不该问的问题。我也告诉自己，以后再也不要问别人：

“小孩考进了哪个学校？”因为这是个最愚蠢的问题。

我的子女告诉我，他们现在觉得最烦恼的就是这件事。考前别人都会对你说，你的小孩一定没问题，那么聪明，一定能考上名校。发榜后，好心的朋友纷纷问起小孩考取什么学校，这时候，你很不舒服，因为你的孩子只考到了一所普通的大学。虽然学校也不差，但你还是觉得要是别人不问该多好。

有人关心我们是件好事，唯独在没考取名校的时候例外。你看，考大学除了会剥夺成长的乐趣，妨碍培养创意的机会之外，连“关心”都会因为有没有考上名校而改观。

我接触这么多人，感想之一就是，很多聪明的小孩都考不上清华、北大、交大。我不是说考取名校的都是笨小孩，但我敢说，进了好学校并不代表成功。

希望小孩成功，正是我们当父母的“第一志愿”。成功的意义为何？美满的婚姻及家庭生活一定占有相当的比例（可能是很大的一部分）吧！那么，从交异性朋友算起，到谈恋爱、结婚、亲子关系，都与我们的分数成绩无关。大学考试也不考婚姻生活所必需的自信、沟通能力、人际关系、包容力。

许多调查都显示，专长、学问对事业的成功只占20％的影响，自信、热忱、与他人合作、领导能力才是成功的主要因素。

工作更是如此。许多调查都显示，专长、学问对事业的成功只占20%的影响，自信、热忱、与他人合作、领导能力才是成功的主要因素。而我们的青少年在成长的过程中，为了准备考试，只有放弃这方面的进步。

有一次，某家人力网站访问了一百多家高新科技公司的人力资源主管，问他们最期望新进工程师具备的条件是什么。结果选“热忱态度”的最多，比“专业能力”还要多。有位主管甚至表示，通常那些冷漠、孤僻的新进人员，几个月后就会离开了。

我有一位在计算机公司担任协理的年轻朋友，有一次他相当可爱地跟我说：“毕业后很多朋友都出国了，我没出国。想不到几年过去，他们拿到了硕士学位后，却都回来向我报到。”

这个社会变得很快，快到连好消息来临的时候，我们都没有准备好。大家都同意时代变了，有没有想到“书读得好就会成功”的观念也真的变了呢？

想到孩子充满自信的神态，想到他在同学当中受欢迎的样子，再将成功的景象与他连在一起，你的心情就会好转。相信大多数人也一样。

沟通，最重要的是“孩子听到了什么”

给教训子女的你：

这是一个很特殊的夜晚。如果你现在驾驶着一架直升机，或者这样说好了，如果你现在是太空超人，正在上空飞翔，俯视万家灯火，一定神气得不得了。但当你从这家观光饭店的21楼窗外飞越时，绝对不会想到我就在其中一间房间里，好像比你还要得意非凡。

我从来没有想到自己会突发奇想地到观光饭店来住上一晚。当然，更难以想象的是，我在音乐声中，在落地灯（不知为什么旅馆都没有天花板灯）前，首先想到的竟是给你写信。

那天我在你家，看到你对你女儿那么凶，我一句话都没说。你责问她为什么抽烟，你骂她一点都不知长进，你怪她跟你说话没大没小的……要是在以前，你的每一句话我都会同意，因为我也当过好几年这样的爸爸，那段时间真是“悲惨世界”。

我在教训子女的时候，真是说得头头是道，起承转合、抑扬顿挫，面面都顾到。可惜的是，有一点总是办不到，那就是——起到效果。无论我说得多好，他们一点改变都没有。

沟通是件很有意思的事。沟通要紧的不在你说了什么，而是别人听到了什么，与家人沟通尤其如此。广播电台尽管可以传播有力的评论，但一切要以听收音机的人听到的为准；有没有杂音，有没有失真，或是别人有没有打开收音机，都是我们该想到的。

> 我在教训子女的时候，真是说得头头是道，起承转合、抑扬顿挫，面面都顾到。可惜的是，有一点总是办不到，那就是——起到效果。

也许你会很生气，但我还是要说：“任何一种身份，包括为人父，都不能保证沟通的效力。”**说话的最高境界是说到对方想听；听的最高境界是听到对方想说。虽然我们在沟通时效果无法每次都那么好，但注意到这点的话，沟通就变得有意思了。**

此刻我似乎真的感受到你在那里飞，我也在高处默默目送你一程。祝福你。

父母与子女之间如何做到像朋友一样

给把女儿当朋友的你：

我非常喜欢我住的花园新城。这整个小区在山林里，一大早鸟叫声就唤醒了我。住在山林里的好处，觉得自己仿佛是大自然的一部分。

孩子我想对你说：

昨晚跟你在电话里谈过后，我真觉得你的小孩很有福气，为此我也联想到很多事，有些是与自己童年有关的，有些是跟小孩有关的事。总之，你对孩子的态度，对我而言是股强大的冲击力。

你在电话中沉稳又真诚地告诉我，前几天你收到你女儿的一封信。你的女儿说，她因为无法说出对你的仰慕，所以才写信给你。她说，在她高三班上的同学中，很多人都羡慕你与她讲话时的样子、语调，好像朋友一样。父亲与女儿能像朋友一样，这代表着什么？

这代表着一种尊重。

每个年龄的小孩都配得上某种程度的尊重，青少年时期尤其需要。孩子跟我们说话的时候，我们关掉电视，放下报纸，专注聆听他说话，就是一种尊重。我们会跟朋友一起去KTV、跳迪斯科。如果能将儿女当朋友，我们也会和孩子一起去跳舞。

跟朋友谈心、分享，多有意思；跟小孩谈心、分享，更有意思。

说实话，你给我们几个老年朋友作了很好的榜样。对你而言，帮助小孩成长已经不是一种责任，而是乐趣。有的父母选择了总司令的角色，经常板起面孔发号施令，可能因为他们过去当过不愉快的士兵。有的父母像监管部门的经理，常在小孩身上找缺点，找不到缺点的时候，会觉得自己不尽责。其实家应当比工厂温馨才是。

你接受自己、接受他人的胸襟，为你带来了莫大的自信，而自信常是我们尊重他人的原动力。

但你不一样。你接受自己、接受他人的胸襟，为你带来了莫大的自信，而自信常是我们尊重他人的原动力。能尊重他人的人，在自己心中的形象一定相当高。谈到这里，我才真正了解你女儿此刻快乐的心情。

花园新城的树木，好像不怎么需要照顾也能绿叶满枝，小鸟在树枝上好像永远不会累，很可能，我们的孩子也是这样。

你看，人与大自然还真是很接近的。

爱是尊重，不是复制

我现在正在飞往美国的航行途中。周围很多旅客都睡了，而我却按亮了机舱顶的小灯，找出我最深层的想法来跟你分享。

我已经好久没有这么年轻过了。前一阵子，我看了两遍《大河恋》这部影片。好像只有年轻人才会这么“疯”吧？蒙大拿州的景色是那么美，如今蒙大拿州的村庄、河流还是与80年前影片故事发生时一样美（后来我真的去蒙大拿州玩了一次）。

河流下一颗颗鹅卵石铭刻着大地的讯息。几十年后的今天，如果我到作者所指的这条河去观赏，一定会看到同一条河。河底的石头上增添的讯息也只有那么一点点，可能只是淡淡的一条痕迹。

当然，看完这部影片的最大感触，依然是人的有限。很多事情我们真的不懂：这么好的家庭，这么好的父母，小孩长大后为什么会变成那样？同一个环境、同一个年代长大的兄弟，为什么会有那么大的差异？

人真的太渺小了，跟大地、宇宙比起来只是那么一点点，跟创造万物的造物主比就更渺小了。但感觉上，人却似乎什么都要懂才行，有时甚至觉得自己就是造物主。

身为牧师的父亲在垂老之际，说了他心中最珍贵的领悟。他说："我们不需要了解一个人才能爱他。"因为他觉得自己还是很爱那叛逆的儿子，这是最真诚的爱。

与另外一个人一起生活，我们不但并非必须弄懂那个人才能调适，而且稍加练习，依然可以快乐地与他相处在一起。

爱是尊重。

尊重另一个人的想法，虽然我们不见得能懂。即便亲密如夫妻、父子，我都没有权利要求对方成为我的复制品。那种爱一定是真诚的。

爱是包容。花之所以美就在于它的形形色色，人更是一样。各式各样的人都有，所以这个世界才美。**我们除了要尊重另一个人的特点外，还要随时调适自己。**与另外一个人一起生活，我们不但并非必须弄懂那个人才能调适，而且稍加练习，依然可以快乐地与他相处在一起。

电影演完的时候，我忍不住轻声对旁边的一对年轻人说："这部电影好棒！"他们看了我一眼，会心地笑了。

忍住不管孩子的父母更了不起

你现在觉得好一点了吗？我不想安慰你，因为我知道安慰没有用。

小孩功课不及格，补习的时候溜出去上网玩游戏，如果发生在我家里，我也一样会气得受不了。此刻，要是有人跟你说“到底是你孩子功课不好，还是你的功课不好？如果是你的事，你才应该这么生气难过……”，你一定听不进去。

虽然我们做父母的都不能接受这种不合情理的说法，但归根结底，我们还非同意不可。无论我们是多么为他们着想，无论我们对他们寄望多高，我们还是要回答这问题：这是谁的事？

下面我要说一句很残酷的话：你之所以那么生气，是因为你把它当成你的事了。功课不好，考不上学校，“你”多没面子；在外面瞎混是家门不幸。孩子不能接受的是，他的功课不及格，你为什么比他还气。可能潜意识里还会抱怨，他好像在为你念书一样。怎么办呢？他只有走上“反叛”一途。

> 功课不好，考不上学校，“你”多没面子；在外面混流氓是家门不幸。孩子不能接受的是，他的功课不及格，你为什么比他还气。

但愿我们都有勇气问孩子“想不想读大学”，如此才能帮他获得独立思考的能力。孩子未来成功与否，与他的自信、沟通能力、人际关系、热忱的态度有更密切的关联。身为父母的我们，最好能在这些方面助他们一臂之力。不爱读书可能代表他是个有创意的小孩，给他一点帮助岂不更好？有时我真的认为，“不管”小孩的父母比“管”小孩的父母更了不起，你觉得呢？

帮孩子改写成功定义

中国人的父母真是世上最好的父母。只要是对孩子的前途有利的事，父母会尽一切可能为孩子办到，因为孩子的成功比自己的成功还要重要（这句话并不怎么夸张）。究竟孩子的未来怎样才能称为成功呢？成功的定义又是什么？我想大家一定会同意，成功是指：事业或工作发展顺利，有较好的职位，赚更多的钱；婚姻美满，家庭和睦；更快乐，有很多朋友，才华得以施展。

把成功的定义用白纸黑字写下来之后，我们才突然发现，现今所做的要求对孩子成功与否影响不大。我们所做的是，“以为”对他们会有帮助的，或过去一直是这么做的，那就依惯例做下去好了，诸如读书、考试等。

几年前，有家公司的总经理告诉我，他现在录用人的时候，从来没有想到要问他们在校的总成绩是多少分。他认为，一个人的才干、能力、工作表现与他在校的分数没有直接关联。现今，更甚于此的是，他们重视的是这个人的热忱：

·他喜不喜欢、会不会沟通？

·他能不能与他人合作，发挥团队精神？

·他是不是很有弹性与包容力？

·他有没有领导人的潜力？

专业知识对一个人的成功只占20％的影响；自信、沟通、人际关系对成功却占了80％的影响。

（以上这些都是考试不考的，所以学校也不教，因而做家长的也不重视。）在婚姻方面，年轻人在交异性朋友的时候，多么需要自信；结婚成家以后，夫妻之间多么需要沟通。父母最不愿意看到的就是子女找不到对象，或后来婚姻破裂，但父母为子女在婚姻方面所需的自信、沟通技巧的建立，又做了多少呢？

❋

有家杂志曾经访问过很多公司，结果发现他们最希望新入职的年轻人具备的条件是**积极的态度**，相比于他们在学校的成绩、所学的科系，或是什么学校毕业的，他们更在意年轻人的个人素质。

事实上，无论是否进好学校，将来我们的快乐、工作发展、婚姻生活等，皆有赖于我们的自信、沟通能力、人际关系。

有调查显示，专业知识对一个人的成功只占20%的影响；自信、沟通、人际关系对成功却占了80%的影响。看看我们今天的样子，想想一生的经历，我们多半会觉得，要是青少年时期就能在这些方面多多充实该有多好。

如果你知道孩子的自信、沟通能力、人际关系对他的一生影响这么大，你会采取些什么行动呢？

请每年给孩子写一封信

那天早上我在散步的时候，听到一段新闻：有位年轻的母亲不幸得了癌症，可能将不久于人世。她写了12封信给她的8岁儿子，要他每年生日的时候拆开一封，直到他20岁成人。

多么感人，多么扣人心弦。我如果是那个小孩，每年生日我会一面看妈妈的信，一面哭。到了十五六岁的时候，我会迫切地要看后面几年才可能拆开的信，想早一点知道母亲还跟我说了些什么。到了20岁生日那天，我一定会想，以后再也看不到妈妈的信了。会不会不想打开这最后一封信？我不知道。

你此刻的感觉是什么？如果我猜得不错的话，你不但很感动，而且还很想了解一下这位母亲在这12封信里，主要都在谈些什么。她一定会跟她的儿子说，她是多么爱他；她可能在其中好几封信中会告诉他，她以他为荣，因为他很自信，也很关心班上的几位同学。她期望儿子将来能成为一个快乐的人，有开朗的性格，能包容不同的人，充满热忱，情商好。她相信儿子将来会遇到一位好女孩，希望他们常看到对方的优点，并且常常赞美，常常感谢。

你看，这位母亲一定不会在这些信中，提醒儿子要做功课、去洗澡、整理房间、不要常打游戏。因为这些事比较起来，日常的这些要求就显得没那么重要了。

其实，我此刻最强烈的感触是，**我们每年都可以写一封信给我们的孩子，不要等到非常时刻才写。一封充满爱、关怀、肯定和由衷赞美的信，一定比任何礼物都要珍贵。**

今年我一定要写信给我的4个孩子。你呢？

乐观的母亲才有乐观的孩子

多年前我们很多工作伙伴一起在阳明山聚会，大家主要是想沉静一下，想想过去，想想未来。其中有一个节目是，每个人都要说说他自己最喜欢的一个人是谁，那个人的特点是什么。

轮到我妻子分享时，她在大家面前轻松自在地说："我最喜欢的人是黑幼龙的妈妈。"那时我母亲已经去世了。我想，要是母亲能听到她的媳妇这样说该多好。母亲到底有什么本事，让这么多人喜欢她？

记得读小学的时候，有一天我们全家人在新竹的东大路散步。我在母亲旁边说："我今天的便当有一颗蛋唷。"母亲语带玄机地回答说："只有你一个人有的！"想不到这时走在前面的大哥竟回过头来说："我也有啊！"接着大家就都笑起来了。你看，50多年前的一件小事，我到现在还记得这样清楚。我母亲就是这样爱逗乐，喜欢耍宝。

我看到马英九在《学前教育》中说到，他的母亲对他的唯一赞美竟然是"不尿床"。我必须指出，他一定不知道不尿床有多了不起，因为我也尿床，而且一直持续到15岁（这是一个很少人知道的秘密）。

在一个有6个小孩的眷村家庭里，尿床不仅很麻烦，也让我抬不起头。但母亲了不起的地方是没有严厉地责骂过我（本来挨打都够格了）。后来她还告诉我，她从娘家带来的毛毯都被我尿坏了。

有一阵子最热门的积极心理学认为，真正快乐的人通常有5大特点：

· **很喜欢家人。**

· **有很多朋友。**

· **有一项嗜好（包括特别投入的工作）。**

· **会感恩。**

· **有宽恕的美德。**

你有没有注意到，快乐与金钱或物质的多少似乎没有直接关联，连健康都不是快乐的重要因素。怪不得那么多富有的人很不快乐，也怪不得身体好的人根本不珍惜。我也因而发现，我母亲常常那么开心，原来是有原因的。

从我有记忆开始，母亲让我印象最深的就是：常爱和家人在一起，无论是聊天、吃饭、打麻将，或是出国到拉斯维加斯去玩。也许有人会觉得这没什么特别，一般人多半也能做到，但我母亲是全心投入、乐此不疲。无论是半夜两点、三点，她几乎都是最后一个离开客厅的人，到了80多岁还是如此。她不是勉强陪我们，而是真的乐在其中。本来我只以为她是身体好，精力旺盛，如今回想起来，她真是一位快乐的人。

我自从做卡内基训练的工作后，每年都要到美国参加年会，几乎每年我都请母亲一起去。每次开会的地点都不一样，包括圣地亚哥、圣安东尼奥、华盛顿、奥兰多。在开会的一星期中，母亲很快地就与我的同事们熟识了。大冷天，她照样与大家一起去参观名胜，晚上聚餐也常会发惊人之语，引得大家开怀大笑。到了最后一天的颁奖晚宴，她一定盛装出席，并与我们一起上台领奖。在这些场合中，每当我有意无意地留意看母亲的神情，都觉得除了用“尽在不言中”外，只能用“好神啊！”来形容了。

> 母亲帮我建立自信，即使书没念好，还是很积极乐观。可能我也有母亲富有感情的基因，喜欢分享心中的感受，看了一场感人的电影总是念念不忘。

其实“母亲”也有很多种，每种典型的母亲都很了不起。有的母亲是牺牲奉献型，有的是相夫教子型，有的是吃苦耐劳型，可能还有其他类型的母亲。我必须把自己的母亲归纳为“老庄”型的母亲，而且我相信她可能比老庄更开心。

她很少管我们，甚至不管我们念不念书（真的很少见）。她晚年有一次跟我说，在父亲80岁生日宴会上，我代表家人说的那段话真好，很有意思。那天晚上我在众宾客面前说，从小我们就觉得很自由，父亲母亲都让我们按自己的模式发展、成长。等到我们成家，有了小孩，看着小孩读中学、大学，我们才发现“**不管孩子比管孩子难多了**”。这是我心里的话，母亲听了觉得很贴心。

母亲帮我建立自信，即使书没念好，还是很积极乐观。可能我也有母亲富有感情的基因，喜欢分享心中的感受，即使只是看了一场感人的电影也总是念念不忘。有一年我到西雅图去看二儿子黑立国，那天小儿子也从圣荷西来了，在晚餐桌上，我看到他们俩已经长那么大了，也都活得那么有意思，于是我建议我们一起先做一段饭前的感恩祈祷，我一张口说话就哭了。我的母亲很会感动别人，我想我跟她一样，也很容易被感动。

想想我们的一生，不就是要常感动自己去做深信不疑的事吗？可能的话，要是也能感动别人一起让明天更好，就更有福了。这样说来，母亲真的影响了我的一生，希望我们也能这样去影响孩子的一生。

善于聆听的伟大

每一次和你交谈后，想到要分手都是那么难。当然，我更希望你能知道，有几次你的一句话，会让我沉思良久。有时候，你的一个理念助我突破难关。更多时候，你是一位积极的聆听者。你知不知道，你的聆听救活了多少人？

那天离开了茶艺馆后，我在出租车上一直想，为什么你能那么积极地聆听别人说话。你相不相信，当时在车里想得太入神了，怕太早到家，干脆叫出租车先靠边停，好能让我边漫步边想“聆听”的事。

你和我们最大的不同是，你对别人很感兴趣，很关心别人。通常我们都只对自己的事感兴趣，只关心自己。不相信的话，只要试问每一个人，当他们拿到团体照、郊游的照片时，最先找照片里的谁，答案就很明显了。

你每次听别人讲话，眼神一直注视着那人，脸上常有表情，表示你很注意在听。拥有这个习惯的人不但有福，而且真可说是坐拥金城。谁都喜欢和一位眼睛看着自己的人沟通，而且会让对方愈说愈起劲。

回想一下，过去有多少次在小孩跟我们说话时，我们一面听，一面看电视（或看报纸、做家务）。其实那样也是在传递一个讯息——你讲的事不重要，没什么意思，或者我实在必须敷衍你。

回想一下，过去有多少次在小孩跟我们说话时，我们一面听，一面看电视（或看报纸、做家务）。

喜爱聆听的人没有主宰他人的欲望，也不想替他人做决定，怪不得你那么尊重别人。你可能觉得，虽然有时自己的意见很好，或很想帮助他，但那到底是他自己的事。我们让别人为自己的事负责，就是尊重他。聆听是一种伟大，聆听使我们开放了自己，使我们能与他人、与外界交往。想到这里，心里满足欣悦。谢谢你。

诉说也是一种沟通

好多年前的一个星期一早上，我走进哈佛商学院的办公楼，跟里面的职员打招呼后，其中一个女孩说："你怎么还能这么开心？"

当时的情况是，我在波士顿机场打公用电话时，手提箱被人偷了。里面有我的护照、照相机、机票、录音机，还有很多资料。很多同事他们都表示同情、难过。这位女孩好像很佩服我的豁达与情绪控制的能力。

其实真是天知道。当时，我打完电话低头发现手提箱不见了，顿时觉得很恐怖。怎么会一分钟就不见了呢？怎么可能呢？我慌张地在行李间转来转去，还不断地喃喃自语，有人偷了我的手提箱。周围的旅客都在看着我，我整个人的反应都好像不正常了。我从来没有遇到过这种事，既不能接受，又好像被电击了一样，呆呆地站在那里，焦急地等警察来。

从机场到哈佛的路上，我懊恼得不得了，责怪自己为什么要把护照放在手提箱里！真是倒霉，以前每次都是放在上衣口袋里的，为什么偏偏这一次要如此。

从出租车里望出去，到处是破破烂烂的建筑，像是贫民区一样，有什么好看。那些房子都老旧不堪，比我想象中的样子差多了，为什么要来这里？总之，什么心情都没有了。

报到之后，我回到自己的房间，立即打电话给“全世界”，让他们分担我的焦虑。先打给太太，再打给黑立言，接着又告诉在西雅图的黑立国（顾不得他即将到尼泊尔从事医疗工作的兴奋，还是把一大堆苦水倒在他头上）。黑立行也不能放过：老爸让你舒舒服服地念斯坦福，你听听我的抱怨总是应该的吧！再打电话给黑立琍，她的惊叹之声对我真的有点帮助。台北的几位好朋友也被我的电话吵醒，有的赶快安慰我，有的答应第二天就帮我问当地相关部门。

打了这么多电话之后，我的心情开始平静下来，虽然还是颇不能接受现实，但至少已经可以思考了。我开始想，这灾难的最坏的结果是什么呢？照相机、录音机都值不了几个钱，机票可以挂失，现在要做的就是重新申请护照罢了。这我可以接受，而且有能力去处理，

打了这么多电话之后，我的心情开始平静下来，虽然还是颇不能接受现实，但至少已经可以思考了。

于是，我才逐渐走出谷底。

这次经历让我觉得，**遇到重大事故一定要跟很多知心的人去说。人与人之间的诉说、聆听会产生神奇的效果，这大概就是所谓的沟通吧。**那个奇怪我为什么还能这么开心的女孩，要是看到我打这些电话时的神情，不知道还会不会那么佩服我？

时常提醒自己不要错过

有一次我到大学去演讲，也可以说，我跟年轻人“搅和”了一晚上。那天的我觉得好开心，回家后很晚都睡不着。

很多人都喜欢跟年轻人在一起，可能是因为可以感受到他们的喜悦，或能分享他们的青春活力。甚至是有机会让自己也放松一下，自由一下。而我却有一点自私的理由跟年轻人共度好时光，那就是，跟他们在一起时（每次都会），我会想到自己错失了些什么，我会提醒自己该多做些什么。

有的人认为人在20岁的时候，常不知道自己将来要做什么。其实，40岁的人也不知道自己要做什么。

从新竹回来后，我一个人在客厅，虽然已经很晚了，第二天还要上班。但是想想，管他的，人不是该活在当下吗？我开始疯狂了，我开始扭动身体，手舞足蹈，随着音乐节拍狂舞。透过落地窗看到自己的身影，有时候觉得自己像是在舞台上，有时好像是与众人在舞池中。

为什么我年轻的时候没有尽情地跳、尽兴地狂欢呢？要是年轻的时候能跳到好像没人在看我一样的境界该多好！回想起来，即使没有跳舞的机会，无处可去，我也可以一个人起舞。跳舞的感觉真好，为什么当初要顾虑那么多呢？

跟年轻人在一起的时候，我觉得我有犯错的权利；跟同龄的同辈在一起，我却变得只想不要犯错，多么消极，多么缺乏创造力。

我们做父母的在子女面前不能只是警惕他们哪些不能做，还必须示范该做哪些事。如果我能再年轻一次，我会做些自己没做或做得不够的事。我要很早就懂得接受不可避免的事实。物价会上涨，政客会膨胀，有一天我也会变老；到时候，我会幻想年轻的时候物价的便宜，政治家都很高尚，孩子们都很尊敬父母。我要趁早交几位知心的朋友，要想办法改善与朋友的互动方式或解决相隔两地的问题。因为，年纪愈大，愈需要年轻的时候就交到的朋友。

为什么我年轻的时候没有尽情地跳、尽兴地狂欢呢？要是年轻的时候能跳到好像没人在看我一样的境界该多好！

不知道你相不相信，虽然我小时候想要逃避，求学过程也不顺利，年轻的时候很苦，我却不抱怨，也不羡慕那些幸运儿。到如今，我更不羡慕那些功课好的同学，因为他们好多人现今一点都不快乐。

我只求当我八十几岁的时候，能回顾这十年来我最快乐的黄金年华。

永远活在当下，享受每一刻

几年前，我们在一栋大楼的电梯里，看到一个两三岁的小孩，非常可爱。我就逗着他说了几句话，到了要出电梯的时候，那小孩的父亲说：“快跟爷爷奶奶说再见！”

他说得很轻松、自在，可是听在我们耳朵里却别有一番滋味。尤其我妻子听到之后看起来不太舒服，出电梯后一直往前走，一句话都没有。我不敢说自己是不是有什么失落感，但真的有点觉得被人推了一把，脚跟无法站稳。

从什么时候开始我在别人心目中已经是一位“长者”了？我自己怎么一点都不觉得老了呢？现如今我还是那么爱吃红豆汤、大杂烩；我还是那么爱看电影；只要有人请我去跳舞，我一定去，或者约我一起谈心、分享，尤其是疯狂的想法，我更会忘了自己是谁，但我怎么会看起来那么老呢？

其实我们不可能不知道老之将至，好比说，女儿已经结婚了，儿子已进大学。我们搬去的关渡新家不就是只有一间卧室吗？我们没有空巢期，我们很幸运地有了新巢，一个更适合我们、专属于我们的家。

电梯之遇让我想到：我们求学的时候要全力以赴，为工作、为事业要全力以赴，为婚姻、为教养子女要全力以赴，但不要忘了，走入黄金年华更需要全力以赴。

据说有一次，一位天主教的神父和基督教的牧师、犹太教的长老聚在一起，讨论生命是从什么时候开始的。神父说，生命是在受孕的那一刹那开始的，当精子和卵子结合的时候，生命就开始了。牧师不同意，他说生命必须是从有生存能力的时候才开始的，在那之前只能算是胚胎，是生命的准备。这时，犹太教的长老带着不解的目光看着他们二人，摇摇头说，我不知道你们是怎么想的，我认为当儿子、女儿都已离家，老猫、老狗都埋在后院的时候，真正的生命才开始。

我们求学的时候要全力以赴，为工作、为事业要全力以赴，为婚姻、为教养子女要全力以赴，但不要忘了，走入黄金年华更需要全力以赴。

我向往这种对生命的观感。

可能一般人将生命分为青年、中年、老年是不对的。青年时期要开创、要打拼，所以是日出、是晨曦；中年时期责任、影响力大，是日当正午；老年应当称为黄金时代，有晚霞的灿烂辉煌。

我们可以选择的是我们的态度

有一位老人独自住在家里，儿女轮流回来照顾他，后来大家都觉得最好还是住到敬老院比较好，因为他的眼睛已经完全看不见了。

迁入敬老院的那一天，服务员牵着他的手告诉他房间的样子、墙上的壁画，窗户外面是一大片草地，还有水池。老人回答说："真的很美，我想我在这里会很开心。"服务员看着他，一脸讶异地说："你什么都看不见，怎么知道美不美呢？"讲到这里，你大概已经知道这故事想要说的是什么了。

我们比那位老人的情况好多了，每天早上起来的时候有没有像他这么振奋，这么积极？

办公室里的事好像永远都做不完，烦恼的事不知道为什么总是那么多；房子、车子、小孩的学业，今天的早饭该吃什么……这些事从未间断过。从车子开出去到抵达停车场，至少会发3次火：有人换车道没打信号灯，某段路塞车因为有人在路边并排停车，还有人乱按喇叭。

想到这里，怪不得我们真的要做一选择：**选择今天要发现美好的事，还是要专注于烦恼的事。我们要选择感恩、宽容，抑或是要让抱怨、愤怒来折磨自己。我们甚至可以在今天选择关心他人，对他人感兴趣，而不要让冷漠习惯性地积压在心头。**

30年前，我对自己当时的工作非常不满，时常抱怨，也多次口头叫嚷要辞职。有一天一位其他部门的年长主管跟我说："永远不要因为这个工作不好而辞职，除非有另一个更好的工作。"这句话对我很重要，影响也很大。30年后的今天回想起来，他说的很有道理。

> 现在的公司制度不好，下一个工作机构的体制多半也有缺陷；跟现在的主管处不好，新工作的主管就一定处得好吗?

现在的公司制度不好，下一个工作机构的体制多半也有缺陷；现在的公司不公平，谁能保证新的公司一切都很合理公道；现在的公司有派系，天知道多少公司有同样的权力斗争问题；跟现在的主管处不好，新工作的主管就一定处得好吗？

因此，换工作不是解决问题的根本办法，根本办法是改变态度。曾受困二战集中营、受过人类最悲惨折磨的奥地利心理学家维克多·弗兰克尔就认为，人所拥有的“最后的”自由是：**我们可以选择我们的态度。**

遭遇同样的打击，有的人选择的是绝望，有的人却选择了希望。朋友，你选择的是什么？你准备怎样过这一天？

性格决定一个人的命运

多年前，有一次我在工业技术研究院演讲，快结束时有位听众问我：你最有成就的是什么事？我低下头想了一会儿，回答他说，可能是我创办了青少年卡内基训练。

人的一生如果分成几个阶段的话，那么其中的关键阶段应当是青少年时期。我们的性格，包括自信、态度、与他人相处互动、领导力等，在这段时期逐渐形成，可塑性也最大。

可惜的是由于升学压力，我们在这段时期都忙于看书、考试。学校照顾不了学生的自信、人际沟通；父母工作忙碌，回家吃完饭，看完电视新闻，洗个澡就累了；孩子不是在兴趣班，就是在做功课，很难在孩子的性格方面助他们一臂之力。

台大哲学系傅佩荣教授说，每年毕业时，很多同学会请他在他们的毕业纪念册上签名，并写一句鼓励的话。他说他写得最多的一句话就是：“**性格会决定一个人的命运。**”

我常常会想到这句话，而且愈想愈觉得有道理。如果命运是指人未来的工作发展、婚姻家庭、社交生活有多顺利、多美好的话，我们真的可预知他的命运。好比说，如果这个年轻人的性格是满怀自信、开朗又积极、人缘好、善于聆听、常会尊重与谅解他人，那么我们几乎可预知：他未来在公司里会得到老板的赏识，同事也会很喜欢与他共事；不只婚姻美满，亲子关系应该也不差；朋友也一定很多。

反过来说，如果某个年轻人的性格孤僻，既悲观又消极，常与别人起冲突，我们也可能预告他的命运，包括工作、婚姻、交友方面都可能会不顺利。

卡内基训练就是要在青少年可塑性最强的关键时期，帮助他们培养良好的性格。南山人寿前董事长郭文德先生跟我说，他在大学时期看了卡内基的书，进入社会后，真的觉得自己比同年龄的年轻人成熟10岁。这句话真是语重心长，10年的时光多么宝贵，10年累积的竞争优势别人真的很难追上。更有意思的是，来接受卡内基训练的学生，不但要阅读这本人际沟通的书，还要参与10多次的演练，效果必定更为显著。

最近几年更令我们兴奋的好消息是，很多卡内基的同学顺利通过了口试或面试，进入理想的研究所或找到好工作。他们认为，这要归功于卡内基训练带给他们的自信与沟通能力。的确，多元化的社会中，死读书已经不够了，还需要在面试时保持镇定、临机应变、清楚表达。这正是卡内基训练的内容。

> 如果命运是指人未来的工作发展、婚姻家庭、社交生活有多顺利、多美好的话，我们真的可预知他的命运。

戈尔曼博士说，成功的关键在于我们的情商，即自信、态度、鼓励他人、沟通能力等，这些对成功的影响力达80%。专业技术、知识，对一个人的成功只占20%的影响。我们花费了那么多的功夫在学识上，如今可以在情商上投资，真的非常令人振奋。

情商好会极大的影响一个人的命运。

感恩和宽恕是终生该学习的事

写这篇文章时，刚好又是一年过去，我们都应该比前一年更快乐、更充实才对。我们投资了365天的时间，以及无法计算的精神与精力，来观察、体验和学习怎样才能更快乐，怎样才能活出更充实的生命。

但就很多人而言，好像并非如此。我们忙着上班、加班，做那些做不完的家务事，好像很少有时间停下来看、听，很少想过怎么样才能更快乐。更甚之，一年年地过去，有的人几十年过去了，可能赚的钱比较多了，但并没有更快乐。我觉得对很多年轻父母而言，你们最大的优势是，可以立即将想法付诸行动，不需要像我们这年纪的人那样，觉得一切都已经太迟。

怎么样才能更快乐呢？有一期《时代杂志》的主题内容就是“快

乐”，其中有一篇方块文章列出了8种快乐的方法：

> 我常乘飞机出行，为什么不为平安落地而感恩呢？想想我们的小孩、想想老伴、想想能有今天，甚至想想能有机会与读者分享，盘算这些福气真的令我更满足。

1. 想想你的福气。

2. 做一些善事。

3. 珍惜喜乐。

4. 感谢一位导师。

5. 学习宽恕。

6. 投资时间与精力在朋友与家人的身上。

7. 注意健康。

8. 准备克服压力与难题的方法。

从另外一个角度来看，就比较严肃了。大家都认为是普通常识的事，不见得就是一定会去做的事。像这8种方法，几乎没有一种是新的说法，也没有一种是我们未曾听过的。但我们真的去做了吗？

我自己就是没有付之行动的人之一。但我必须坦承，每次做到了其中一种，或是在关键时刻提醒自己其中一种，结果常常是很有效、很欣慰。

我们真的能常常想到自己的福气吗？或是经常想到怨气？多少值得我们感恩的事，我们早就将其视为理所当然。我常去纽约，我真该庆幸“9·11”那天我不在世贸大楼附近；我常乘飞机出行，为什么不为平安落地而感恩呢？想想我们的小孩、想想老伴、想想能有今天，甚至想想能有机会与读者分享，这些福气真的令我更满足。

学习宽恕。为什么是“学习”呢？可能因为宽恕是最难做到的，所以一辈子都要学习。然而，我们几乎没有选择，要想好好地过我们的一生，我们非学习宽恕不可。即使是为身体健康的理由，我们也该原谅他人。

祝福你今年更快乐。

适时表达赞美与感谢

有一年夏天，我的两个儿子到阿拉斯加他们的一个同学家去玩。那位同学的父亲是医师，一家人在那里已经生活了几十年。

他们在那位同学家玩的时候，经常在河上泛舟。他们每天都钓起好多条鲑鱼（外面买很贵），回家用袋子装起，以便保存。他们曾坐在山顶观望秃鹰飞翔，周围没有一丝杂音，没有一点污染。

两个星期后我的两个儿子要打道回府了，临行前，那位同学的父亲跟我儿子说："帮我告诉你们的父母，他们把孩子教养得真好。"他们回来后真的告诉我了，我虽然有点不好意思，但看得出来他们真的很开心。而我呢，这句话引发了我很多感想。

人多么需要得到赏识、得到赞美、得到感激，然而很多时候我们得到的却是那么少。我们的父母、老师、主管常会指出我们的缺点、毛病，以致社会尽是缺乏自信的人。我常想，为什么我不能常常赞美孩子们呢？

不久前在报上看到一篇文章说，有位母亲正在厨房洗碗，她那读幼儿园的儿子放学一进门，抱着她的腿就说，“妈妈你好辛苦哦！”

这位母亲觉得很奇怪，她从来没教过她儿子说过这种话，怎么突然会冒出这种感性的话呢？后来她到幼儿园去追问，才知道老师最近在带他们练习这种情绪的沟通能力。

原来，沟通是需要学习的；

原来，赞美与感谢是需要流露表达的，才不会像死火山一样埋在底处。

如果父母、老板都会真诚地（一定要是真心地）赞美他人，我们的社会不知是什么模样。

激励就是：

一、注意他人的优点。

二、真诚自然地表达出来。

一般人只注意他人的缺点，即使看到了优点也不愿说给对方听。

人多么需要得到赏识、得到赞美、得到感激，然而我们得到的却是那么少。

现代心理学之父威廉·詹姆斯曾估计，一般人仅用到其能力的10%，其他90%都像冰山一样被埋在水面下。

什么因素才能激发这些潜力

呢？我认为最有效的就是激励。怪不得我的孩子会对阿拉斯加念念不忘，因为那里飞翔在高空的秃鹰会让人拓展视野，鲑鱼会提醒人们，大自然是那么的富于奥妙。而最重要的是，这些感动会让他们感受到大自然对人类的礼赞。

希望我也能常释放给孩子更多的赞美。

接受不完美的家人

你会赞成偶尔放任自己去做一些不平常的事吗？有时候，我会为一个美好的感觉做很多事。

30多年前，我在冈山的一个小电影院里，从中午一直到晚上，把一部电影看了3遍。那部电影的情节并没有什么特别，中文片名好像是《我们的小镇》，英文片名是*Our Town*，电影吸引我的是美得令人无法呼吸的“旁白”。

30年后的今天，我还记得片子里形容小镇冬天的句子：“冰雪冻结了人们的鼻头，也冷冻了他们的傲慢。”真的美。不知道为什么，我很喜欢第一人称的旁白，可惜这种旁白似乎只有从小说改编成电影的剧本中才有。

之后我又从另一部电影中获得了这种感受。《潮浪王子》正好也是一部根据小说改编的电影。作者一开始就说，他小时候受过很多打击，家里的变故也不少；他真不能想象有些人的一生就这样正常地过去了，好像什么都没发生一样。虽然我觉得这句话坦白得有点让人受不了，但我却不知道是否该羡慕平平坦坦的一生。

在冲击、混乱、挫折，甚至多次悲伤中成长的人，真的不需抱怨太多，因为他们将拥有很多人都没有的弹性。未来当困境来临时，其他人可能会被打倒，他却不会。

“我逐渐学会去接受不完美的家人，只因为我们自己也不是完美的。”

“我发现在一个家庭里，没有什么过错是不能原谅的。”

“我逐渐学会去接受不完美的家人，只因为我们自己也不是完美的。”

“我发现在一个家庭里，没有什么过错是不能原谅的。”

坦白说，我为了这几句话，又专门去看了一遍《潮浪王子》。电影院的灯亮起后，我还坐在椅子上，激动不已。

我们能接受不完美的家人吗？答案是，很难。我们似乎宁愿宽恕外人，但对家人总有更高的标准，更高的期望。

日子就这样一天天地溜走，希望有一天当我们想与家人一起做一件很重要的事时，一切都还不算太晚。

放手让孩子经历最美好的时光

巴菲特在他的自传《滚雪球》中提到卡内基对他的影响，包括如何将他从一个害羞、内向、退缩的年轻人，变成一位会沟通、乐于沟通的人，并将自己的成功归因于此。

我曾跟一群朋友聊天并问他们，有多少人回想自己青少年时期，会发自内心地感叹那真是一段美好时光？那时的我们，经常打篮球打到天黑、深夜再去赶制墙报和校刊、参加辩论队、演讲比赛、演话剧、在露营的时候与哥们儿在星光下分享彼此的愿景……

很幸运，我也同样享受过这些美好的事。我初中进的是一所父母在亲友面前不想提及的学校。后来更没有升学压力，因为根本不可能考上大学，所以没报名。平常我也不用功读书，没有作业，很多时间我都在玩。然而，我付出的代价也很高。青少年期的经验让我畏缩、自卑，成人之后的很多年我都觉得自己矮人一等，不敢抬头。我变得很没有自信，开始抽烟，并且过分在乎别人对我的想法。

其实，无论我们进的是最好的学校，或是很没面子（主要是父母的面子）的学校，中学的时代都曾是一段令人难忘的时期，以致今天我们坐车经过母校时会好好地多看一眼那幢校舍。我们是否曾隔一段时间就会回母校看看？走进自己上课的教室，摸摸自己坐过的桌椅，到大操场逛逛，回味一下自己的“全盛”时期？

青少年是人生成长的关键时期，成年后的我们会不会由衷地想为母校做点回馈？参加校庆，做义工，定期捐一些钱给母校。因为我的性格、态度，甚至价值观与青少年成长过程有很大的关联，我的家、生活、快乐指数都受到这段塑造期的长期影响，因而我对青少年时期总是念念不忘。但如果学校留给我们的尽是学业压力、恶补、考试、填鸭式学习，我想我们应该不会想念母校，开车路过母校时速度也不会放慢，因为那是一段让人不想回忆的阶段。

> 我们是否曾隔一段时间就会回母校看看？走进自己上课的教室，摸摸自己坐过的桌椅，到大操场逛逛，回味一下自己的“全盛”时期？

多年来我们都在帮助成年人学会沟通、学会合作。如果成年人从现在开始都不晚，我们一定更能帮助青少年经历人生最美好的时光，让他们学会增强自信、改善人际沟通的能力，重要的是让他们学会如何克服压力。

致谢

献给我最亲爱的妻子，我以你为荣

7月20日，是人类首次登陆月球圆满成功的日子。那已经是几十年前的事了。

为什么我对这个日子记得这么清楚呢？并非因为我是太空迷，也不是因为我对人类的这个创举印象特别深刻，更不是因为我记忆力好，而是那天我俩是在一个特别的地方观看这场电视转播的。

记得吗？那天晚上我们坐在一家儿童医院的候诊室里。你好像对登陆月球的事没什么兴趣，而我却瞪着眼看电视转播（那时还是黑白电视，主持转播的是罗大维）。

我很能了解你其实没心情看阿姆斯特朗在月球散步。那天，我们的两个小孩都发高烧，都在病床上打点滴。那天我们抱着他们，到东门附近的一个金店去，把结婚戒指卖了，然后再到医院去看病。那天。我记得更清楚的是，我们走在信义路上，有好几次我斜眼用余光望着你的表情。我发现你的脸上没有懊恼、烦躁，好像还带着微笑，眼神看着前面走（很多人习惯低头走路）。

那已经是好多年以前的事了。这么多年来，我很少写信给你，虽然每遇感触良多的时候我就想写，但每次却拖了一阵子之后就搁在一边了。

艾科卡在《反败为胜》中表示，他的妻子在他辞去年薪百万的职位时曾向他说，“我以你为荣”；在他将克莱斯勒公司救起后，又向他说“我以你为荣”。**最后，在他妻子患糖尿病去世后，他才想到自己从来没向她说过这句话，真正值得骄傲的是他妻子。可是已经太晚了。**

我想到结婚23年来我们搬过17次的家；想到我们的小孩都那么好；想到你边打工，边照料6口之家，还能考取加州的药剂师执照；特别是想到这几个星期以来你所表现的积极、坚强、勇敢，不断地给我打气；百龄，我真以你为荣。

很多人见到你都说你怎么那么年轻——我知道为什么，因为你从来没有对任何事失望过。

年轻的朋友们，开始赞美你的另一半吧，你不知道，那将是多么重要。

后记

黑幼龙的四个孩子

最早把卡内基理论引进中国台湾、被称为“台湾卡内基之父”的黑幼龙，一生的另外一个杰作是把自己的四个儿女培育成才。

曾几何时，黑家的几个孩子是众人眼中的坏孩子，有人曾因此联合起来去黑家抗议，但是最终黑家的四个儿女都成功进入了世界名校，成就了自己的人生。

大儿子——黑立言：耶鲁大学企业管理专业硕士，现任卡内基训练总经理。

黑立言小时候沉默寡言不愿意与人交流，经常睡觉睡过头导致有些事情变得很糟糕，但是他爱写作文，关心时事。当他的作文在班级里拿到第一名后，他的妈妈不再强调他睡懒觉等一些坏习惯，相反妈妈还一直鼓励他将自己的事情做好。

正是从这次机会，黑立言的行为举止发生了翻天覆地的改变，渐渐地他的才能开始展现在众人面前。而现在黑立言也成为了卡内基训练中华区的执行董事长。

二儿子——黑立国：加州大学医学博士，现任华盛顿大学医学院副院长。

黑立国小时候叛逆心极强，学习成绩一塌糊涂，甚至考过零分。从小调皮捣蛋，直到高二那年，黑立国加入了学校的摔跤队，成天和一群学习成绩比他还差的队员在一起，而得到了教练的赏识。黑立国第一次发现学习好能赢得尊重，于是发奋学习，成绩突飞猛进，不仅顺利考上大学，而且成为学业上的佼佼者。在他30岁那年，黑立国成为华盛顿大学医学院的副院长。

女儿——黑立琍：加州大学法学院毕业。

黑立琍思潮前卫，小学六年级就喜欢上了化妆，为了化妆甚至愿意节食以省下钱买化妆品。到了初中，爱交朋友，好多个男同学整天围着她转。在青少年时期的黑立琍，着实是一个让人头疼的少女。

但是父母没有过多地指责她，或者拿她与人比较，反而让她找到自我发展的潜力，最后成为加州大学法学院的高材生。

小儿子——黑立行：斯坦福大学机械工程硕士，现在自己创办的公司任总经理。

老四黑立行是家里最小的孩子，也是最有研究精神的人。他喜欢动物，尤其对鱼类情有独钟。黑立行后来“爱鱼及水”，12岁那年他迷上了潜水。父亲克服困难坚持陪他练习潜水。

学习成绩在全校数一数二的黑立行，在美国读高三时，偶然在学校的年度音乐会上参演过一出歌舞剧，居然上了瘾，梦想当明星。

后来他考入斯坦福大学攻读机械工程专业，还修了一些戏剧课。大学毕业后，他不知道是该去当演员还是搞设计。黑幼龙就给了他时间去实践与寻找，一年后他幡然醒悟，最终决定放弃明星梦，回到斯坦福大学机械研究所继续学习。

黑幼龙曾经也面临让人头疼的教育问题：四个儿女，各自有各自的问题，却又非常默契地都不让家长省心。

黑幼龙的慢养让他们夫妇能用最大的努力去理解孩子、欣赏孩子、赞美孩子，最终成就孩子。